U0781806

南渡流难寄山河

——西南联大服务边疆志

龙美光◎编

云南出版集团

云南人民出版社

图书在版编目（CIP）数据

南渡流难寄山河：西南联大服务边疆志／龙美光编
. ―― 昆明：云南人民出版社，2018.12
（民国书刊上的西南联大记忆）
ISBN 978-7-222-17704-8

Ⅰ.①南… Ⅱ.①龙… Ⅲ.①社会科学－文集 Ⅳ.
① C53

中国版本图书馆 CIP 数据核字（2018）第 259209 号

出 版 人　赵石定
责任编辑　郑燕燕
装帧设计　马　滨
责任校对　闵艳平
责任印制　李寒东

南渡流难寄山河——西南联大服务边疆志
龙美光　编

出　　版　云南出版集团　云南人民出版社
发　　行　云南人民出版社
社　　址　昆明市环城西路609号
邮　　编　650034
网　　址　www.ynpph.com.cn
E-mail　ynrms@sina.com
开　　本　889mm×1194mm　1/32
印　　张　7.5
字　　数　200千
版　　次　2018年12月第1版第1次印刷
印　　刷　昆明珵煜印务有限公司
书　　号　ISBN 978-7-222-17704-8
定　　价　46.00元

云南人民出版社公众微信号

如需购买图书、反馈意见，请与我社联系
总编室：0871-64109126　发行部：0871-64108507
审校部：0871-64164626　印制部：0871-64191534

编者絮语

龙美光

编完"民国书刊上的西南联大记忆"文丛，长长地舒了一口气。这是十五六年来我搜集西南联大文献资料的阶段性成果。

"北清南合，联大花开。"在中华民族八年全民抗战的征途中，联大已成为文化抗战的璀璨星辰。土坯墙的茅草屋内和铁皮顶下，联大人精研学术，读书救国，空前绝后的艰苦环境并未磨灭他们的心志，反而使他们越发奋起，并加速了各项伟大成就的开创。他们说："只要读书救国好，哪妨菜坏吃不了？"在抗战号角声中，她的诞生与成长，就是如火如荼的全民抗战伟业的生动反映。

美国学者易社强指出，联大的遗产是属于中国的，也是属于全人类的。近年来，美国、日本等国均相继出版了研究专著。在国内，联大也越来越被各界所认同所钦慕，各类文著层出不穷。

不过，需要正视的是，联大的研究更有赖于文献资料的支撑。自联大于长沙肇始以降，已出版的联大时期文献仅有1939年出版的《西南三千五百里》（日记集）、1946年出版的《西南采风录》（歌谣集）、1946年出版的《联大八年》（征文集）、1998年出版的《国立西南联合大学史料》六卷本（档案集），以及2018年出版的《郑天挺西南联大日记》（日记集）等，其他已问世的多为数十年后的回忆与研究。上列诸书，仅有印制恶劣的《联大八年》是联大时期回忆文集，我十几年前得到该书时，就急切地想要为其编一套姊妹书，收录其时在书、报、刊发表过而后未曾在联大专书中露面的一些文字,使人们更深层次地了解联大。随着资料搜集进程的推进,这一梦想如今终于变为现实。

这套文丛中的文字,都是在抗战艰苦异常的环境下联大师生和社会各界人士的真实见闻和真情感知。文丛的近400篇文章,全部采自民国时期付印的数百种书、报、刊,作者群星灿烂,角度各异,内容繁杂,涉及面广,最大限度地忠实保存了联大本真状态,将使所有关注、热爱联大的读者对联大的研究和认识更深入透彻,有助于人们走近走进、研究探讨和学习实践联大文化,更好地弘扬中华优秀传统文化,继承中华文化精髓。

较《联大八年》而言,本文丛收录的文章时间跨度更大,涉及面更广,视角更全面,现场感更强,可读性更佳。文丛体裁多样,以回忆录、信件、日记、评论、报告文学、新闻通讯、诗词等,从不同侧面、不同角度彰显揭示了联大的办学历程和办学精神。编者将这些生动反映联大的文字,依其内容,大略别为九册。其中:

——抗战烽火,学府西迁。《八千里路云和月——长沙临时大学播迁记》载录了全面抗战爆发后,长沙临时大学建校的历程,及其后长沙临大辗转迁徙昆明改称西南联大的历史记忆,翻启联大不可磨灭的史册开篇。

——笳吹不绝,弦歌不辍。《笳吹弦诵在山城——西南联大学术风景线》呈现了联大身处边城,在艰难困苦中坚持学术,弘扬文化,形成联大学府异常活跃的学术风景线。

——爱国阵地,青运先锋。《我以我血荐轩辕——西南联大爱国运动纪》透过团体活动看联大,从不同侧面展示联大的壁报、社团等活动,是联大爱国运动的缩影。

——九州遍洒,黎元热血。《一寸山河一寸血——西南联大抗战救亡曲》反映了联大师生在烽火警报声中,心系家国存亡,积极投身抗日洪流,以投笔从戎等多种形式,谱写的慷慨激昂可歌可泣的抗战救亡曲。

——身处西南,动心忍性。《布东考古布西算——西南联大师生众生相》再现了联大师生克服居无定所、物价暴涨、空袭频仍等穷窘考验,直面生活,致力学术的不屈不挠精神。

——绝徼移栽,问学树人。《绝徼移栽桢干质——西南联大问学拉杂谭》实录了联大作为我国最高学府的联合体,移驻云岭,以学术救国的时代担当,顶天立地,攻坚克难,成为社会文化引领者的风貌。

——导扬文化,壮怀难折。《南渡流难寄山河——西南联大服务边疆志》记叙了联大师生立足云南,脚踏红土,心系山河,深入西部进行社会、人文、自然考察,投身边疆开发的情形。

——中兴大业,更须人杰。《五色交辉聚人杰——西南联大人物风采录》彰显了联大以"大学者,有大师之谓"的恢宏气魄,展现了一代名流巨擘的英才风采谱。

——斯文一脉,如山如海。《刚毅坚卓未央歌——西南联大精神漫笔集》颂赞了联大以三校"不同之历史,各异之学风,八年之久,合作无间,同无妨异,异不害同,五色交辉,相得益彰"的办学气质所铸就"刚毅坚卓"的风骨。

以上九册,虽各有侧重,然而又相互联结渗透,相互渲染补遗,美美相成。无疑,这是一部雄浑壮丽的西南联大纸上纪录片。

为使读者更真切地进入当年的语言环境和文化环境,除了对明显的错讹进行修订外,编者尽可能尊重原文风貌,一律不作改动。例如"那"(哪)、"底"(的)、"化"(花)之类民国时期遣词用字,以至其标点符号,便一仍其旧。

囿于时代局限,有些文章存在对少数民族的蔑称(如"夷人""罗罗""倮倮""苗子"等),以及对少数民族风俗习惯的误读讹传(如知识落后、手段野蛮等),但这也是当时社会历史的真实写照,为了有助于民族史社会史研究者,多未作更动。文丛也容纳对联大的各种批评甚而误解,这些不同的声音,恰恰反映了联大包容万象的一面。

　　有人说抗战时期最有效率的两个机构，一是西南联大，一是速记学校。而这套文丛的编辑却历经七年才告完成，相较联大真是效率颇低，甚感惭愧。文丛编辑之初我新婚的妻子刘仁芳参与录入大量文字，时小儿龙景湘正于母腹中孕育，如今孩子已在迈向小学新生的路上，九本小书才呱呱坠地。文丛编竣付梓，似乎自己也置身联大之中，与师生们一起在警报声中抢时间、抢洗脸水、抢饭菜、抢书籍、抢座位、抢听讲演、抢出壁报、抢泡茶馆，与他们一起创造无与伦比的西南联大故事。

　　文丛的编辑出版，得到了云南师范大学和云南人民出版社的鼎力支持。成书过程中，西南联大研究专家，有关方面的师友、同事、学生，以及云南大学秦树才教授团队助力编校工作，使得此书能够顺利付梓。谨此一并致谢！

　　文丛自2011年启动编辑工作起，即通过微博等多种方式查找书中作者的联系方式，但至今为止，有关的信息反馈寥寥。在此特别拜托文丛的有关作者及其亲属与编者联系。

　　当然，有关西南联大的战时文字不止这九册的规模。不算西南联大师生在战时撰写的著作、文论、报告等等，单就讲述西南联大故事的文字而言，笔者手中尚有十数万字未及整理，其后或有增补或续编，敬请读者诸君期待。由于编者水平所限，加之许多民国文献印刷模糊难辨，缺点错误在所难免，祈望学界同仁和广大读者不吝赐教！

二〇一二年七月，写于昆北盘龙江畔
二〇一六年六月，改于西南联大旧址
二〇一八年十一月，定稿于云南师大呈贡校区

目 录

// 西南采风的经过

刘兆吉

　　命名的解释——吾临时大学（迁昆明后改名国立西南联合大学）旅行团，自长沙到昆明，一路的足迹是在我国西南的湘、黔、滇三省之内，故谓之"西南"。所谓"采风"者，朱子解释《国风》道："国者诸侯所封之域，而风者民俗歌谣之诗也……"那么在湘、黔、滇三省的旅程中，采集的民间歌谣，名谓"西南采风"，大概不至名不正罢！至于上一个"录"字，是因为搜集民歌这样的工作，在笔者还是第一次尝试，虽然有着浓厚的兴趣，但素常没有深刻的研究，采集来了也没有特殊的发现和见解，只好牢牢实实的集而"录"之。

　　采集民歌的动机——采集民歌的蓄意已经很久了，我记得在中学读书的时候，就特别喜欢浅显的诗歌，尤其是民间歌谣。不过当时的意思很单纯，只是为的浅显有韵，易于了解记忆，并且念起来也顺口悦耳，如："哭一声，叫一声，儿的声音娘惯听，为何娘不应！"听一次便能会意背诵了。不但如此，这样的诗歌，描写得很逼真动人。民间所流行的歌谣都具着这种特点，因为他们不是咬文嚼字的文人，惯作无病呻吟或"为赋新词强说愁"的勾当，故意从字汇中检些生涩的字来组成难懂的诗文。民间歌谣的作者，不必识字，只要有丰富的情感，受了外界的刺激，他的情感冲动于心，无论是喜怒哀乐都要发泄出来，这种真情的流露，有时即成为极美妙的民歌，惯于雕琢字句的文人也许难能。所谓："情动于中，而形于言；言之不足，故嗟叹之、嗟叹之不足，故咏歌之，……"所以无论村妇野老，当他们喜怒哀乐的情感奔放出来的时候，亦可成就好的诗歌，如古时两位粗野的英雄——汉高项羽。在情感激动的时候，也可以唱出极悲壮哀惋的《大风歌》及《垓下歌》来；所以我以前便相信好的诗歌，不必尽在唐诗宋诗及历代的诗集里去找。垄头田畔村妇野老的口中，一样的有绝妙的诗歌，由这个初步的信念，采集民歌的兴头，便因之萌芽了。

再者古代诗文中，如《诗》中《国风》及《雅》的一部分，都是古时的民歌。就是《楚辞》，现在也有许多人相信：屈原因楚国俗歌而作《九歌》，那么《九歌》的本体也是楚国的民歌了。又据许多学者的考究，谓《胡笳十八拍》、《子夜歌》等的原本，多半也是民歌，这更可以看出民歌在文学上的价值了。由此可以联想到：古人有丰富的情感，今人亦有之；古时民间能吟咏出幽美哀惋的诗歌来，今人的情感聪慧既不减于古人，现在的民间自然也会产生出很好的歌谣来。古人既有采风集录保存的举动。今人那好任这些有价值的民歌自生自灭呢？不错，现在也有少数人已经注意到这个问题，但所采集的真是沧海一粟，尤其是西南诸省，因为交通阻塞，能深入其境，亲自作这番"采风"工作的，简直寥若晨星。所以关于民歌的集子虽然有几种，而记载西南几省——尤其是黔、滇——民歌的，可说是太少了，这实在是一种憾事。

自去年平津沦陷敌手，学校南迁，便流亡到南方，途中常想一种苦作乐的工作，也就是要实现以前的志趣，计划沿途考察些民间歌谣，作为研究风俗民情的材料。只因自津至湘，一路非乘车即乘船，途中耽搁的日子很少，没有机会与沿途各地的民众接近，结果经过了数千里的旅程，而毫无所得。

机会的到来——吾临时大学（北大清华南开三校联合而成）在长沙成立不久，又感受到敌机的威胁，学校为了更大的计划和使命，迁往昆明，湘、黔、滇旅行团就因此产生了。大家既不愿空此一行，所以加入旅行团的教授和同学，便成立了各种沿途考察的组织。民间歌谣组便是其中之一。由闻一多先生指导。笔者恰巧被指定担任这门工作。

由长沙至昆明，三千三百华里的徒步旅行，路过的大小城池近三十个，所过村镇不可胜计，为期两月余，沿途与民众接近的机会很多。以前既有采集民歌的志趣，当然不肯辜负了这个良好的机会。

个人采风的方法——以往既未从事过这种工作，所以谈不上经验，一切的方法都是很幼稚的，简直可说是由瞎摸索中得来，有的是收到了相当的效果，有的是尝了些闭门羹。现在举出这几种方法来，贡献给喜欢这种工作的人们，并请更正批评补充，指示出一条更好的途径，免得以后费力多而收获少。今将个人采集歌谣的方法，略述如下：

a. 田畔牧场茶馆街头的访问——这种访问的对象，多半是农夫牧童。

b. 沿途中小学、民众教育馆、教育局，及其他文化机关的访问，或请其代为采集。

c. 注意街头墙垣庙壁上的涂写——中国人无论老幼文俗，都犯着随意涂抹墙壁的毛病，若不信，请你随时留意街头庙宇，或有名胜的地方，满墙上都有歪歪斜斜大大小小的字句。有的是儿童的泄愤，如"张小三是个大王八"，有的即所谓浪漫名士之流，所题的歪诗，有时也会发现很好的山歌谚谣，也可以看到"天皇皇，地皇皇，我家有个夜哭郎；过路君子念三遍，一睡直到大天光。"也许是"天青地绿，小儿夜哭，君子念读，睡到日出"等等的黄纸条。也有是骂地方官区长村长的歪诗谜语。总而言之，街头庙壁上的涂鸦，也可以找到有价值的资料。

d. 搜集当地印行的歌谣本及抄本——这种小册子是有学识的人不值一看的东西，记得在湘西桃源买了本《茶山歌》，一位朋友不知我的用意，认为低级无趣，然而这些小册子对于粗通文字的民众，在精神方面却是极好的食粮。因为文字浅显，音调和谐简单，易懂易唱，价钱又很便宜，只要四五文钱，便可买一本，即是很贫苦的民众，也很容易担负这笔消费。再者这种歌本的内容，多半是秧歌茶歌，或是描写天灾人祸民众所受的疾苦，也有是节妇烈夫神奇古怪的故事，都极合民众的口味；不然，书店老板绝不会大批的印行，做些亏本的生意。在常德一家印行歌谣册子的书店中，据其老板言：如梁祝同窗、佳人思节等小册子，每年可销到三万册，可见流行的普遍了。除了印行的小册子之外，还有些农民在工作之暇，收集了许多山歌小曲，集录在一块。以上所说的印抄本，当然有许许多多的别字及土话，因为这是民众的作品，古陋的印刷，当然不像文人的写作集录，精致印刷，哪里谈得上文雅正确，但它的价值就在这里，因为由其中的土话别字及纯朴的描写，可以窥探出一部分的方言及一地的风尚人情来。

　　遭受的困难及引起的误会——世上的一切事情，是不会完全顺利的，多多少少都要受点挫折，不过绝没有想到采集民歌，也有困难，按平常的揣想，在被访问的人，不会就说不会，谁也没有权力来强人所难。会就告诉我们，在采访者既无恶意，在被采访者也毫无亏吃，当然不会发生什么问题了。不过事实上竟遇到以下的困难：

　　a.言语不通——我国领土广大，交通不便，各省言语差异很大，尤其北方人初到南方来，时时会感到言语不通的困难。当我采集民歌的工作开始时，第一步便受到这种痛苦，因为民歌童谣不像载诸书册的诗词，它是村妇野老以当地土话吟咏出来的，听他们歌唱也很悦耳，但有时不懂歌的意思，要把歌词记下来，而没有相当的字能恰巧符合它的音意。求他们解释，但问答有时不能互相了解。再者一般的农夫牧童，虽然能唱歌谣，但多不识字，请他们把歌词写出来更不可能。往往为了仅仅四五句的短歌，费了不少的话和时间。还有一点也是因为语言不通而引起的困难。一般老守乡里又没受过教育的乡民，逢着异言异服的外乡人，生疏的很，即便好心好意和和气气的请他们告诉几首歌谣，也会引起他们的怀疑。虽再三的解释他也始终不肯尽量的告及，这也是由于自己的经验不够，不能洞悉民众的心理，以致在湘西碰了不少这样的钉子。

b. 假道学的闭门羹——我记得是在沅陵的一个小学里，该校的先生，是一位四十来岁的学究。当我把来意告诉他，并问该校有没有来自田间的学生（据我一路访问的经验，生长在城市里的学生，多不会民歌），起初他似乎很乐意帮忙，立刻召集了十数个年龄比较大些的儿童。我便请他们唱几首当地的歌谣或用笔写出来，他们由那笑眯眯的脸上表示会意了。没想到这位先生忽然对我说："他们都能写字，我领他们到课堂上去写，小学生在生人面前是不好意思的，请少待，等他们写好了我就交把你。"

不多时这位先生送来了几张纸片，上面写的却是《义勇军进行曲》、抗日歌《锄头舞》一类的歌曲。

"这哪是本地的民歌呢？这是全国流行的歌曲，我刚才再三声明要采集贵处的民间歌谣"，我还怕他不知民歌的价值，以为粗俗之词，不堪为外乡人知道，所以又说明民歌童谣虽然是农人的土歌，也是很有价值的民间文学。至于这类的抗日歌曲，到处都有，并且自己也会唱，同时又请求他允许我直接对学生访问。这时他带着很刁滑的样子说："我们这里根本没有什么山歌民谣，此地人民很纯美，没有这种淫词。本乡人民富于国家观念，民族思想，自抗战以来，无论学生农民男女老幼，都会唱抗日的歌曲，这就是本地的山歌童谣。至于伤风败俗的卑陋之歌谣，敝处没有，所以本校儿童是不会的。"其实完全是这位三家村的先生做梗，并且那些纸片上模模糊糊的有"橘子树上开白花，白花丛中有人家……"又有"月亮亮，月亮亮……"这明明是山歌童谣的句子，而被他们的先生涂去了，而又强迫他们写抗日歌曲，假充本地的歌谣。这样假道学的闭门羹，也遇着数次。他们挡驾的方法虽不尽同，但我揣想他们的出发点却是一致的。以个人的观察，这些人都读过"四书"，自认为饱学而深经世故的人，其实他们是一知半解，固执不化。他们那封建的头脑，以为山歌童谣是粗鄙浪漫之词，更以为民歌当中的情歌，淫乱不雅，若被外乡人知道了，恐怕要讥笑他们的民风不佳。这般人的成见很深，枉费许多唇舌，也难转移他的观念。一路尝了他们不少的闭门羹，后来遇到类似这样的人，便不耐烦再向他们问津了。也许因此失掉了不少的机会。

　　c. 在旧礼教束缚之下，不易于从妇女口中访问歌谣——儿时便有一种经验，有许多歌谣是从祖母、母亲、姐姐口中学来的，同时感到祖父、爸爸、哥哥记得的歌谣，没有她们那样多，我想大家都有这种感觉。刘经庵的《歌谣与妇女》的绪论中说："歌谣是民众文艺极好的材料，但这样的材料是谁造成的？据作者观察，多半是由妇女们造成的……"我认为这话有相当的道理。就个人所采到的歌谣中，也有很多是妇女的口气，所以来集民歌这个工作，只是访问男子是不够的，因为还有许多很好的歌谣被妇女记忆着，吟咏着。但在旧礼教的束缚之下，虽然有这样的打算，而没有这样的勇气，眼巴巴的走完了三千三百多华里。这种念头也无时无刻不在脑中盘旋，心有余而力不足，丢掉了千千百百的机会，因为文化越不开通的地方，男女的关系越隔膜。一般妇女乍逢我们这些异言异服的外乡人，简直像怪物一样的看待。也许从前过境的军队已给她们以一种坏印象，我们即有菩萨一般的心肠，但一看我们着的军服，伊们即敬鬼神而远之了。要向伊们口中调查歌谣哪怕好心也成了恶意，也许会加给调戏妇女的罪名，所以胆怯的我，始终未敢尝试，这也是认为遗憾的！假设女性作这种工作，或者比较方便些。

总　结

这次采集的民间歌谣，本来有一千多首，不过有些太粗俗乏味，有些词意近于淫秽，怕一般人不能谅解，认为有伤大雅，还有些刻本篇幅太长了，结果不得不删掉。仅将有文学价值的或能代表一地方风俗民情的，择录七百七十一首，其中包括：

　　情歌　六百四十首

　　童谣　三十五首

　　抗战歌谣　二十首

　　民怨　十三首

　　采茶歌　四首

　　杂类　五十九首

　　这七百七十一首歌谣中，情歌即有六百四十一首，几占百分之九十。由此可见两性问题在人类生活中的重要性。

选自《西南采风录》，刘兆吉著，商务印书馆，一九四六年十二月出版

// 云南蒙自城市小志

杨婺辉

　　因为敌人铁蹄的进犯，我们从中国的北部——北平，到极南的边界——这小小的城市蒙自。虽然直到现在只住了两个多月，对于蒙自我是很觉得可爱的；并且在这全国从事于开发边疆事业的时候，希望能将它改进为一个更完美的小城。现在仅将个人所见到的，所听到的，随便谈谈，或为读者所乐闻，并藉供研究边疆问题者的一点参考资料。

一、蒙自城的一斑

　　蒙自城周围不过十里，东西只二里余。费不到两点钟，一个人是可以环城游历一下的。也许因为地方小的原故，所以自行车，洋车，小车，一概没有，汽车当然更无用武之地了。此地四人小轿，是供阔人代步的东西，平常倒不常见。街道全是石砌的，坎坷不平，一般女士们的高跟鞋，到此最好不用。遇到天雨，就更有行路难之叹了！城里的西门大街，算是最热闹的市街。各种商店，菜市，卖食物和杂货的摊贩，全集中在这条街上，逢集的时候（六天一集），更有好多四乡的人担米挑草到城里来卖，将一条西门大街，（所谓大街还是狭街），挤得水泄不通，其余的地方，就比较萧条冷落了。自从西南联合大学迁到此地，东门街上，也逐渐繁荣起来，咖啡馆大概还要算东门顶多了。

蒙自环城皆山，天然的风景很好，东城一隅，昔为法国人所经营，现在的西南联大，就是占在从前法国汇理银行的旧址。背山面湖，花木繁茂，别有清幽的景色。有南湖，三山和军山三个公园，规模虽小，风景极佳，傍湖有一种鸟类，白色，很像鹭鸶，群集树间，远望如盛开的白花。有时或翱翔空际，悠然之至，点缀着湖光山色，别饶风味。

二、居　民

云南一省，杂处着很多的种族，就是蒙自一个小小的县城，也还住着几种不同种族的人，除了汉人外，有安南人，和苗人。还有徭人，倮倮等，普通却不常见。安南人做生意的居多，好些洗衣房，西药房，咖啡馆，都是安南人开的。还有贫苦的老太婆，在城洞里放着一堆堆的香蕉和菠萝卖。苗人散处乡间，种田的居多，生活是很穷苦的，我们天天可以看到苗

族的妇女担着草，米，及青菜等物，到城里来卖。她们用青布
包头，更用一根银链子，箍在包头上，两旁还拖下些穗形的银
饰物，接着下面便是一付穗形的长耳环；一张规矩的脸，镶在
许多银首饰之中。月白色的褂子，蓝布围裙，围裙的大襟上，
绣着艳丽的花纹。她们赤着一双足，还能挑很重的担子，在不
平的道路上，很快的走着，足见她们体力的强壮了。至于一般
汉人，除经商外，便是靠收租吃饭的缙绅之家，不过多数是贫
寒居民，靠劳力或小贩为生的。

三、风俗与习惯

蒙自因为僻处边陲，一向少与外人接触的原故，所以欧
风很难越山过岭的吹来。一切还满带着封建时代的色彩，许多
风俗，还是保存着古代遗传的。如一般妇女们用布兜将小孩缚
在背上，以便做事，即似古代"襁负小儿"之法。他们还有一
种火把节（旧历六月廿五日），每家门口，总要燃一束高的火
把，为的是可以除祟祓邪。据说苗族人在火把节的晚上，更形
热闹，大家执着火把沿街走着，或是用火把相打以决胜负，这
还是古代初民所遗留的一种崇拜火的观念。直到现在他们还是
大家庭的制度，特别所谓世家，聚族而居的很多。对于祖宗是
很崇拜的，每家都供着他们祖宗的遗像和牌位。从七月初十起
到十五止，他们要预备着好多的纸锭，冥衣，食品，鲜果等，
以祭先人。他们还是重男轻女的，女的能受教育的很少。家庭

中完全是男子处于尊者的地位，据说，已嫁的女人，要是三年不生男孩，丈夫就有置侧室的权利。此地忠，孝，贞，节的牌坊，随处都有，也可见到封建思想的一斑了。

此外还有两种比较有趣味的风俗，一家铺面开张的时候，鞭炮放的特别多，隔一两点钟，就要放一次，差不多要放上一天。富裕的出丧者，除了用纸锭和喇嘛僧道等送殡外，要加上耍闹儿的，如跑旱船，装蛤蚌精等类，在演着热闹的时候，同时就劈劈拍拍的燃上一挂鞭炮，他们在灵前，一面走着，一面演着，一面放着，看热闹的也蜂拥而来。

四、气　候

此地的天气是很温和的。无祁寒酷暑，冬季无需重裘，夏季无需纱葛，四五六七这几个月为雨季，此外，天气总是晴明的。在雨季的时候，虽然天天下雨，不过雨过天晴，像江南的阴雨连绵，不见天日的时候很少。夏季中午虽热，早晚却异常凉爽，差不多感不到夏天的意味。此地还有一种特别的习惯，就是虽在夏天，下面尽管赤着一双脚，头上还要带个帽子，特别是老太婆和小孩们。因为气候的适宜，物产方面也很富饶，如米，青菜等类，产量颇丰。

五、教育和卫生

此地除搬来的西南联大而外，有初中及初级师范，是合在一处的。还有六七处小学，及民众教育馆一所。此地的教育机关，在量的方面似还不少，至于质的方面，笔者因未能加以一番考察，不敢多所置喙。此外还有很值得注意的问题，在卫生方面：本地人对于卫生知识，可以说太缺乏，沟渠秽水，弄得满街臭气。更特别的是此地茅房，成年累月，不加扫除，秽物遍地，臭气冲天，却处之泰然。沟渠厕所，为苍蝇繁殖之地，所以此地的苍蝇多得也就无与伦比了！有一次笔者预备买一点牛肉，结果因为苍蝇太多，没有买成，走后微闻店里老板说："她被苍蝇吓走了。"还有一次在一个小铺里买食物，我说："苍蝇为什么这样多？"卖东西的说："你们大学生，（本地人见外来的青年男女，总以为是大学生的）这样的怕苍蝇，真奇怪！"

此地人体格强健者，固然也有，然而一般的成人，以及小孩，总是带有几分病色，不讲卫生，是一个大原因。本地的瞽者和患眼病者（红眼白翳等），触目多有，这也是他处所少见的。乞丐沿街喊叫，情形颇惨，是否因为一般人太吃辣的原故，这还不敢臆断。还有一种大脖子病，据说因为食盐里缺少碘质的原故，不过我想这些总不是无法挽救的。

居民平时既不能注意卫生，更缺少良好的医生，城中除了西南联大的一个校医外，只有一个西医，医院当然是没有的。如不幸生了重病的话，那只好是听天由命。

六、社会上的一般现象

一、鸦片的流毒：此地最可痛心的事，莫过于鸦片的通行了！本地人差不多家各一灯，男、女、老、幼、士、农、工、商，大半都是瘾士。笔者以吸烟者如此之多，烟价一定很贱，但却要两三块钱一两，试问以有用的金钱，来戕害自己，宁非大愚！吸烟的人，沉溺在烟雾里，是不觉得的。地方当局虽然也有停烟的命令，只是一种具文，鸦片还是公开的吸。此地人的脸上，多半带有病色，做事的缓慢，性情的怠惰，当然全是吸毒的原故了！在抗战期中，我们正应该锻炼身体，振作精神，一般病夫，何能抗敌？所以地方当局，对于一般吸毒者是严厉禁止，多设戒烟局，免费戒烟，五十以下的人必须戒除，幼童绝对不许吸烟（包括各种烟在内），同时并严禁种植，和私自贩卖。这样是可以收到相当效果。

二、地方治安：初到蒙自来的时候，就听说在什么地方男生被抢，女生被侮的事件。一个外国人，因为独自游山，也被匪人光顾了。最近城里又出了一两次抢案，所以治安方面，也是当局所不该忽视的。有人说："因为此地的民风强悍，为昔日作奸犯科者逃亡之薮，所以他们的子孙，很容易的流为盗贼"，这也许是原因之一。其实假使每个人，能衣食无缺，何致于流为匪徒？所以治本的办法，在于能使每个人工作有饭吃，治标的办法，就在军警方面的努力。

外来人与本地人之接触，自从西南联大迁来，一个小小的县城，骤然添了一千多人，当然各方面都要起了变动。一向未与外人往来的居民，骤然和带些欧化的人们接触，当然也免不了惊奇。所以从前一两元的房租，现在变成四五元，食物燃料都渐渐的贵起来。其中固然是由于供求的关系，然而对于一般吃法币的人，故意加价，也是有的。外路人买东西，总要较本地人贵些。分析本地人对于外来的眼光，大概不外三种：（一）憎厌的，他们以外来的人全是无家可归的，跑到这里来寄食，弄得百物腾贵起来！（二）奇视的，此地人之视外路人，大概也正如廿年前中国人看洋鬼子一般。本来本地的妇女还是窄窄的金莲，外来的女人，却是赤足革履，本地妇女穿长须及腕的衣袖，外来的都穿着没袖的长衫，就从服饰上，也就足以使她们惊奇。并且她们还带来好多不同的习俗，不同的思想和新奇的东西。（三）视外来人为富有的：他们以为吃法币的外路人，全是富有的，因为法币一元，要值滇币十元，所以便更将各物的价格提高了。有一次一个个旧人给西南联大一封匿名信说："你们出高价钱租房子，反使我们没有房子住，当以卫生丸相敬。"其实这真是冤哉枉也！在这迁徙流离的时候，谁不感到经济的困难，然而不出高的价钱，又那里有房子住？除了以上的几种看法外，当然对于外路人，很诚恳的也不是没有。

在此开发边疆，充实后防的声浪中，西南联大的人，既有机会来到此地，（虽然他们不久又要走了），对于本地人，是应该负有相当责任的。应当尽可能的帮助他们发展，改革。启发他们的爱国情绪，振起他们的抗战精神，并且使他们对于现在的一切，能有正确的认识。这些光靠标语是不够的，应该脚踏实地一步步的做去！

二七、七、三一。

选自《西北论衡》一九三八年第六卷第二十一期，《益世报》一九四七年二月二十八日亦刊根据此文改写的《云南蒙自县城小志》，该文署名"杨辉"，内容大同小异，本书选发表时间最早者

// 蒙自杂记

朱自清

　　我在蒙自住过五个月，我的家也在那里住过两个月。我现在常常想起这个地方，特别是在人事繁忙的时候。

　　蒙自小得好，人少得好。看惯了大城的人，见了蒙自的城圈儿，会觉得像玩具似的，正像坐惯了普通火车的人，乍踏上个碧石小火车，会觉得像玩具似的一样。但是住下来，就渐渐觉得有意思。城里只有一条大街，不消几趟就走熟了。书店，文具店，点心店，电筒店，差不多闭了眼可以找到门儿。城外的名胜去处，南湖，湖里的崧岛，军山，三山公园，一下午便可走遍，怪省力的。不论城里城外，在路上走，有时候会看不见一个人。整个儿天地仿佛是自己的：自我扩展到无穷远，无穷大，这教我想起了台州和白马湖，在那两处住的时候，也有这种静味。

　　大街上有一家卖糖粥的，带着卖煎粑粑，椅子凳子乃至碗匙等都很干净，又便宜，我们联大师生照顾的特别多。掌柜的是个四川人，姓雷，白发苍苍的。他脸上常挂着微笑，却并不是巴结顾客的样儿。他爱点儿古玩什么的，每张桌子上，竹器磁器占着一半儿；糖粥和粑粑便摆在这些桌子上吃。他家里还藏着些"精品"，高兴的时候，会特地去拿来请顾客赏玩一番。老头儿有个老伴儿，带一个伙计，就这么活着，倒也自得其乐。我们管这个铺子叫"雷稀饭"，管那掌柜的也叫这名儿；他的人缘儿是很好的。

城里最可注意的是人家的门对儿。这里许多门对儿都切合着人家的姓。别地方固然也有这么办的，但没有这里的多。散步的时候，一边看一边猜，倒很有意思。但是更多的是抗战的门对儿。昆明也有，不过按比例说，怕不及蒙自的多。多了，就造成一种氛围气，叫在街上走的人不忘记这个时代的这个国家。这似乎也算得利用旧形式宣传抗战建国，是值得鼓励的。

蒙自的正式宣传工作，除党部的标语外，教育局的努力，也值得记载。他们将一座旧戏台改为演讲台，又每天张贴油印的广播消息。这都是有益民众的。他们的经费不多，能够逐步做去，是很有希望的。他们又帮忙北大的学生办了一所民众夜校。报名的非常踊跃，但因为教师和坐位的关系，只收了二百人。夜校办了两三个月，学生颇认真，成绩相当可观。那时蒙自的联大要搬到昆明来，便只得停了。教育局长向我表示很可惜；看他的态度，他说的是真心话。蒙自的民众相当的乐意接受宣传。联大的学生曾经来过一次灭蝇运动。四五月间蒙自苍蝇真多。有一位朋友在街上笑了一下，一张口便飞进一个去。灭蝇运动之后，街上许多食物铺子，备了冷布罩子，虽然简陋，不能不说是进步。铺子的人常和我们说，"这是你们来了之后才有的呀。"可见他们是很虚心的。

蒙自有个火把节，四乡是在阴历六月二十四日晚上，城里是在二十五日晚上。那晚上城里人家都在门口烧着芦秆或树枝，一处处一堆堆熊熊的火光，围着些男男女女大人小孩；孩子们手里更提着烂布浸油的火球儿晃来晃去的，跳着叫着，冷静的城顿然热闹起来。这火是光，是热，是力量，是青年。四乡地方空阔，都用一棵棵小树烧；想像着一片茫茫的大黑暗里涌起一团团的热火，光景够雄伟的。四乡那些夷人，该更能享受这个节，他们该更热烈的跳着叫着罢。这也许是个被除节，但暗示着生活力的伟大，是个有意义的风俗：在这抗战时期，需要鼓舞精神的时期，它的意义更是深厚。

南湖在冬春两季水很少，有一半简直干得不剩一点二滴儿。但到了夏季，涨得溶溶滟滟的，真是返老还童一般。湖堤上种了成行的由加利树，高而直的干子，不差什么也有"参天"之势，细而长的叶子，像惯于拂水的垂杨，我一站到堤上禁不住想到北平的十刹海。再加上崧岛那一带田田的荷叶，亭亭的荷花，更像十刹海了。崧岛是个好地方，但我看还不如三山公园曲折幽静。这里只有三个小土堆儿，几个朴素小亭儿，可是回旋起伏，树木掩映，这儿那儿更点缀着一些石棹石墩之类；看上去也罢，走起来也罢，都让人有点余味可以咀嚼似的。这不能不感谢那位李崧军长。南湖上的路都是他的军士筑的，崧岛和军山是他重新修整的；而这个小小的公园，更见出他的匠心。这一带他写的匾额很多。他自然不是书家，不过笔势瘦硬，颇有些英气。

联大租借了海关和东方汇理银行旧址，是蒙自最好的地方。海关里高大的由加利树，和一片软软的绿草是主要的调子，进了门不但心胸一宽，而且周身觉得润润的。树头上好些白鹭，和北平大庙里的"灰鹤"是一类，北方叫做"老等"。那洁白的羽毛，那伶俐的姿态，耐人看，一清早看尤好。在一个角落里有一条灌木林的甬道，月夜里月光从叶缝里筛下来，该是顶有趣的。另一个角落长着些芒果树和木瓜树，可惜太阳力量不够，果实结得不肥，但沾着点热带味，也叫人高兴。银行里花多，遍地的颜色，随时都有，不寂寞。最艳丽的要数叶子花。花是浓浓的紫，脉络分明，活像叶子，一丛丛的，一片片的，真是"浓得化不开"。花开的时候真久。我们四月里去，它就开了，八月里走，它还没谢呢。

一九三九年四月三十日

// 蒙自杂记

吴庆鹏

> 客中岁序随流水，三月蒙城又转蓬。
>
> 崧岛青镫凝静夜，军山红树撼秋风。
>
> 名园他日留芳草，曲径今宵记雪鸿。
>
> 一别中元成往事，干戈何日觅前踪。
>
> ——旧作《留别蒙自》

　　蒙自——滇南的乐园，要不是抗战军兴，谁也梦想不到会到那儿去的。

　　抗战开始的那年，我从上海回到内地来，随着长沙"临大"迁云南，改"联大"，那时的文法学院就设在蒙自。

　　我们的宿舍和学校是隔离的，都在蒙自城外。宿舍租用歌胪士洋行。学校则借用海关旧址；二都相距不远，中间只隔着一个小湖，就是南湖。宿舍在南湖北岸，后门正好作南城的照壁；南城颇有古风，在宿舍后面的吊楼看过去，城楼的尽角，衬托着晴空飘然的流云，令人怀古。

　　初到蒙自的时候，在四月天，还是风季。南湖里的水已经干得不像个样子，人们常利用它来做天然的跑马场和足球场。

　　蒙自的风是相当大的，尤其是在中午，整个地方在狂风鼓荡中，环湖的油加里树被吹得呼呼直响，有如万马奔腾，闻声不见人般，所以我们常常给瘦弱的朋友们开玩笑，说他当心有一天要"乘风归去"呢！

　　城内唯一的商业中心是西门大街也还算得热闹；那里有几家书店不过卖的多是《七剑十三侠》和《野叟曝言》之类的书。同学们除了去买一些应用文具外，很少光顾。街头还有一所卖八宝稀饭的铺子，室虽如斗，但陈设颇有可观：比如用的是紫楠木做的棹椅，棹上更陈列着各样的古董玩器，及云南石等物；使人边吃边看，特别来得有味。老板是位鬓眉皆白的古玩家，亲自当炉，待人很和气，无论什么人，都可与畅谈。稀饭五分钱一碗，里面放些桂元，莲子，白果之类的东西，此外还有两分钱一个的甜煎饼，顶好用来送稀饭吃。顾客以同学居多，教授也常去，晚上七点钟座上客常满的，若恐"粥少僧多"，则非及早光临不可。据说联大迁了来，那老古玩家竟发了一笔财了。

　　油加里树在蒙自很普遍，尤其是在海关里长得参天蔽日的。在校内的绿荫道上走，仿佛是游历南菲洲的丛林一样。树上有许多泥鹤（或即白鹭），打从下面过的人，稍不留神，便给它们撒得满头的屎，但只是领略一些腥而且臭的滋味罢了，并不一定像迷信者的说法非倒楣不可的。泥鹤有时在湖上去捕啄鱼类带回树上来，而往往见有鱼虾之属悬挂在高高的树枝上，这何尝不可以说是缘木可以求鱼呢？因为讨厌泥鹤的臭气，学校当局想尽了许多方法去驱逐它们，但都无济于事。后来用鞭爆驱逐，果然飞走了，走的时候，叫出来的声音是怪可怜的。不过待得爆声停止，泥鹤又像蝗虫啄谷般的飞回故林里来了。

五六月天，是雨季降临的时节，隔天甚至天天都有雨下，南湖的水渐渐盈满了，水草滋生了，荷叶成长了，昔日的跑马场足球场一变而为游泳场了。湖堤上的油加里树也脱下了它们古老的树衣，换上嫩绿色的外套。湖之畔有三山公园，湖心有两个半岛：较近的叫崧岛，较远的叫军山，两半岛上都有着花、鸟、亭、台、楼、榭，及喝茶的所在。傍晚游人特多，有些人懒走曲折的湖堤，便坐着小艇穿过田田的荷叶，直到崧岛的尖端上；到了仲夏，南湖里的荷叶丛中伸出婷婷玉立的莲花，红绿交映，艳美夺目；若经新雨后，整个南湖像一幅墨水未干的图画，叫人心中润润的。

每当月明之夜，湖堤上让湖水似的月光溅泻着，蔓萝花香了。同学们自图书馆回来，因天气闷热，不能即睡，独个儿的或一双双一群群的到扶疏的树荫下徜徉着，在如此环境里，不知道造成了几许情侣，多少诗人。

春夏交接之际，还有所谓"火把节"，记不起是什么日子了。这天晚上，广漠的原野中，就有许多星星之火像燐般地移动着。火把自然是人拿的，每户人家都得派人去参加游行，听说这天是"火把神"的诞辰，又有谓系替鬼指路者，原因倒不必详细去考究，我想大概不外乎是取"前路光明"的用意罢！

蒙自城外，有许多安南人杂居，闻说他们都是爱国志士，极同情我们抗战的……至于他们的生活，则以贩卖生果及开咖啡店者为多。

蒙自的石榴和桃子是久炙人口的，大而甜。桃林榴园到处皆是。自崧岛到军山的途中，就种有两列的石榴树，用到石榴树来点缀路景，石榴的产量可想而知了。

联大文学院，是那年八月杪奉令迁昆明的，当时我真有点舍不得离开蒙自。在离开的时候，气候虽已入初秋，南湖的景色依旧是绿茵茵的。

现在又是当年初到蒙自的时节了，然而也正是东方的侵略者在缅泰越间张牙舞爪的时候了。这使人眷恋的滇南的家园，不知道还像从前那样的闲适也么？

选自《贵州日报》一九四二年五月六日

// 西南联大的根据地——蒙自

丁 丁

云南蒙自还把持着中世纪封建城邑的色彩，人口不过二万，那里生活老旧，从未有见过摩登男女，当国立西南联合大学，迁到蒙自之后，女学生满街观光，这种赤脚烫发的装束，是蒙自有史以来，从没有看见过的。于是轰动全城，男女老幼都赶到街上，来观看初来的联大学生，最近竟因此流行了一种童谣，"大学生，大学生，不穿袜子称摩登，脱了裤子讲卫生。"学校当局为了适合环境关系，便劝告学生，各自持重，男同学脱了西装，改穿制服。女同学脱了绸旗袍，穿上袜子，所以近来学生的使人注目，已逐渐好些了。

西南联大的前身，原来是长沙临时大学，是北京，清华，南开三处学校合并的，学生也有一千三百人。后来长沙终日在日机轰炸之下，当局于是决定迁滇，一部份是由湖南贵州徒步入云南的，有一部份经广州，香港，取道安南到云南的，到去年四月中，陆续到云南的，只有八百人。同时长沙临时大学的名称，也改了西南联合大学。

联大的理工学院是在昆明，校址是从前的四川会馆，农业学校和工业学校。文学院法学院设在蒙自，校址是海关旧址，荒废了已有十几年，破旧不堪，修理一月余，到五月初正式上课。

云南特产。除了宣威火腿，大理的云石，个旧的锡块之外，便是蒙自的苍蝇。只要一踏进蒙自城，最令人触目的，便是乌黑的苍蝇，人民好像对他有特别好感，并不肯去扑灭他，听其在食物上飞舞着。联大学生实在看不上眼了，便联合了当地驻军，和中小学生，实行杀蝇运动，努力宣传，一日杀蝇千万，民众才知道些苍蝇的害处。

选自《现世报》一九三九年第四十三期

// 忆蒙自

沈 沫

蒙自毁灭了，不，

新的蒙自不久便会生长起来的。

我只得这样安慰自己。自从蒙自被狂炸的消息传来后，每天晚上有梦，梦见这山中美丽的小城。我忘不了小城里的明丽的阳光，忘不了芭蕉树下卖菠萝的安南妇女。更忘不了："南湖在城之东南郊，由格洛斯洋行南行，沿着湖岸有一列高大的桉树，当满目流光的夜晚，荷花的清香从水上飘来，南国的长夜，自然的美丽，真叫人回忆昔日的西子湖。在蒙自我最爱的是云霞，大树和白鸟。傍晚，落日在辽远的山峦上照耀着千朵万朵的云霞，白鸟在蓝色的山间飞舞，湖上林间，充满着热带的情绪，热带的风光。"

好像是昨天，我第一次从昆明到蒙自，挤在个碧石轻便铁轨的车箱里，摇摇摆摆的开进一片山谷大平原。车站旁有几所米黄的西式的房屋，青籐从屋上垂下来，四周绿荫浓密，许多朋友在车站等待我，四个月不见，都说我脸色黧黑得多了，我非常高兴，我又到了一个健康的城市了。

在车站附近有一个大池，许多同学去那里浮水，我浮得不好，可是也时常去，教《沙士比亚》的燕先生也是同志，但是他不大浸水，而喜欢躺在池畔晒太阳，大家裸着，没有比这个更快乐。有一次在无遮无蔽的池畔逢到一阵大雨，衣服都淋透了，于是裹着湿衣沿着墙跑回宿舍，太阳忽又回来了，火烈烈的在身上说不出的爽快。

有一天，因为在芭蕉树下睡午觉，而误了下午一时去碧色寨接从海防来的新友而抱怨一个人在小车站上等候，傍晚，他们果然来了。我第一件事告诉他们的便是云霞和白鸟。

自从那些新的朋友来后，我自己的生活似乎复杂起来了，记忆力不如以前的那么强了。但对于这个美丽城市的爱好，依然是那末热诚，那末不能遗忘。去年八月中，告别了蒙自，朋友们又到车站送别我，细雨霏霏，我靠着车箱的窗沿恋恋不舍，那云，那山峦，那反映着金黄色光线的池水。我追忆"蒙自三月"，让我在这里抄下一节途中的回忆："清末，外族的侵略势力随着滇越路到了蒙自，法国领事馆在荒芜的南郊站立了起来，接着法国医院和海关的设立，几年间，南湖畔建立了一个新的文化，这个文化自然是含有侵略性的……"

××大学初到蒙自，当地受了一个很大的骚动，从北平，天津，上海，广州，香港各地来的青年男女，所带来的文化对于素称礼义之域的富有保守性的蒙自的冲击乃前所未有，他们被指，不道德。女子的卷发，短袖，裸腿……与法国领事馆，□□□□□□□□□□□□一种威胁。据说一年前蒙自的女子出门时，无论天晴天阴，总带着一把雨伞，在街上行走，见了男子，便用伞把自己的脸遮掩，否则人家就会说这个女子放荡了。这样的礼教在这个强横的社会里，他们觉得很适合的。可是从大都市袭来的文化，如狂风暴雨般的在这个旧礼教的矛盾的小城里扫荡起来，不到三个月，两个绝不相洽的姊妹，渐渐有了谅解，摩登女子不裸腿了，守旧的女子也不用伞遮掩。蒙自在进展中，究竟是我们自己的血统。"

可是四月十四日的报上登载了敌机十九架狂炸蒙自的惊人消息："……入夜八时五十分，碧色寨萧局长电称，据蒙自来人谈，本午敌机到蒙自，大肆轰炸，车站，县党部，桂林街，西大街，格洛斯洋行等处，被炸起火，伤亡民众数十人……"次日又得报据调查所知，此次蒙自损失惨重，死伤民众千余人。

西大街是蒙自最热闹的一条街，格洛斯洋行我住过三个月，我：还记得，每天晚饭后，暮色尚未降临，我时常和几个朋友进东门绕桂林街而至西大街去吃八宝粥和长糕。粥是五分钱一碗，红枣要另外算钱，一分一个非常贵，卖粥的红颜老翁很慎重，偶而不小心在粥里漏了一个大枣，我们便欢笑不已，……而今日，一切都毁灭了，给我留下的只是个悲惨的记忆，但是，在永远毁灭不了的明丽的阳光中，新的蒙自在萌芽不久便要长大的，我在这里深深地祷祝！

四月十五日写于昆明

选自《益世周报》一九三八年第二卷第十六期

// 蒙自的火把节和联大的花草

雄剑

　　蒙自有个火把节，四乡是在阴历六月二十四日晚上，城里是在二十五日晚上。那晚上城里人家经在门口烧着芦杆或树枝，一处处一堆堆熊熊的火光，围着些男男女女大人小孩：孩子们手里更提着烂布浸油的火球儿晃来晃去的，跳着叫着，冷静的城顿然热闹起来。这火是光，是热，是力量，是青年，光景够雄伟的，四乡那些夷人，该更能享受这个节，他们该更热烈的跳着叫着罢。这也许是个被除节，但暗示着生活力的伟大。

　　南湖堤上种了成行的由加利树，高而直的杆子，不差什么也有"参天"之势。我一站到堤上禁不住想到北平的十刹海。崧岛是个好地方，但我看还不如三山公园曲折幽静。这里只有三个小土堆儿，几个朴素的小亭儿。

　　联大租用了海关和东方汇理银行旧址，是蒙自最好的地方，海关里高大的由加利树，和一片软软的绿草是主要的调子，进了门不但心胸一宽，而且周身觉得润润的，树头上好些白鹭，和北平大庙里的"灰鹤"是一类，北方叫做"老鸹"。那洁白的羽毛，那伶俐的姿态，耐人看，一清早看尤好。在一个角落里有一条灌木林的甬道，日夜里月光从叶缝里筛下来，该是顶有趣的。另一个角落长着些芒果树和木瓜树，可惜太阳力量不够，果实结得不肥，但沾着的热带味，也叫人高兴。银行里花多，遍地的颜色，随时都有，不寂寞。最艳丽的要数叶子花，花是浊浓的紫，脉络分明活像叶，一丛丛的，一片片的，真是"浓得化不开"。

选自《迅报》一九三九年六月十八日

// 大小凉山考察归来

——十月二十五日在联大青年学术讲座第一讲上报告

曾昭抡 讲　凌子寿 笔记

　　考察凉山的意义，可以分几个方面来叙述：第一、我们都是年青人，青年最大的天性是好奇是想冒险，凉山太奇特了，它吸引着我们去探勘。第二呢，凉山蕴藏着甚富的资源，过去的调查似嫌粗略，这次，我联合了联大地质、化学、生物、社会各系的同学组织步行团去考察，希望在三个月的暑假中能把凉山各方面的全貌约略地得一个较清楚较可靠的轮廓。第三、就研究人种学的立场来看，凉山就是一个最适宜的地方。我们研究的对象是夷人，就是通称所谓罗罗民族。在云南境内，自大理以东许多地方都有罗罗族的存在，但是云南的罗罗族是不纯粹了，不仅独立的文化已消失掉，就血统上言也成汉夷混血的状态。云南有一句骂人的话，在说者是得意，在听者是要勃然大怒的,就是说"您是罗罗",但是要找纯粹的罗罗人,即求之僻处穷乡的罗罗小村也不可得。只是金沙江畔和昆明附近的所谓"民家"民族者,罗罗的一切特性尚保存得完备一些。但是凉山的罗罗民族是最纯粹的,他们的贵族阶级,黑夷,自认自己是上帝的选民,绝对不许与别的民族通婚,所以还保持着纯粹的血统,同时也拥有他那纯粹的文化。

几个常识问题

几个常识上的问题不能不先知道。第一是凉山名称的由来怎样?凉山的海拔高于四围各地,就气候说较冷一些,所以得此名称。其二是凉山所包括的范围有多大?据专家估计,东西宽四百华里,南北长八百华里,面积约有三十万方里左右。就我们步行的结果,这估计或许稍嫌过分一些,但是差数也不大。像这样近乎三十万方里之地,应该能够养活二十万以上的人口的,但是这里只生存着十万左右的夷民。其所以人口稀少的原因,倒不止是地势较高,气候阴寒,不适于种植和居住,实际说,就它平均二千米的海拔地带,春夏秋三季也尽可下种耕耘和收获,但是因为民族的隔阂和仇恨,虽然道路并不险阻到难为行走的程度,而汉人每因进去后有被消灭或被俘为奴的危险,非万不得已总不敢轻易进去。

汉武帝通西南夷,置邛都郡,邛都郡者即系今日之凉山区域。当时,其地为若干各自独立之小部落,到今天,凉山境内仍是小部落各自为治的状态。这是很有趣的一个问题：冷山里的罗罗民族是汉时西南夷的苗裔呢？还是日后历史的变迁，这又是新移入的一种民族？据今留居西昌一位专家的谈话，这是自云南迁去的一支罗罗民族。当时的西南夷因早被汉族同化，而在云南的大部罗罗民族也被同化了，只有这一支到今天还在血统和文化上保持他纯粹的独立性，故外国人种学家称他为独立的罗罗，所谓 Independent Lolos。

黑夷与娃子

凉山的夷人又有两个种族，一曰黑夷，那是贵族阶级；一曰娃子，汉语就是孩子们，那是奴隶阶级。我们所谓的白夷，就是这一种阶级，但在夷区里，绝对听不到白夷这名称。娃子的地位，跟印度的贱民阶级和帝俄时代的农奴差不多，但是与之相异的，除了阶级不同外，还有着种族上的相异。我们推测他们阶级的由来，大概是在很古的时候，黑夷把白夷征服了，就始终形成这主奴的区分。上面讲过，黑夷的种族是纯粹的，他绝不与他族通婚；而娃子呢，则除原来的种族外，还包括着凉山附近被绑架来的汉人，年深月久，经过混血之后，也成为白夷或娃子了。所以黑夷是纯粹的，白夷则多夷汉的混血种。

罗罗民族在人种学上看来，是属于藏缅系的。藏人较汉人高大，汉人又较缅人高大，罗罗民族的身材跟汉人差不多。

藏缅系与罗罗族的关系，可自下面各点中看出来。第一是文字，藏文是倒装语法，譬如吃饭和喝茶，他们却说做饭吃和茶喝，罗罗语亦然。通汉语之罗罗，他们是常照他们自己的文法结构来跟汉人通话，譬如说，他们要讨一枚针，常说做"针要"。第二是文字的结构，罗罗文和藏文也相同，都是复音的，汉文则为单音字。就罗罗和缅甸关系上讲，他们有一个相同的遗风流俗，那是奉孟获为他们的始祖。我们所熟知的是诸葛公七擒孟获，《三国演义》里"丞相天威，南人不复叛矣"两句，播腾人口。但是他们的传说是"八擒孔明"。据考证，孟获是云南人，或为夷人或是能统率夷人的一个汉人，按当时作战地点在永昌郡，永昌即今日滇缅公路的要站保山，正是缅人和夷人交通上的桥梁，同有此种传说，原不足为奇的。

怎样通过凉山

怎样通过凉山，是一个颇饶兴趣的问题。大体说来，凉山的走势正像人体上一个手背的倒垂。大小凉山广义的说法是自西昌东行经昭觉直达雷波东西五百华里间延伸的一串山脉。它是横断山系里的一支，河谷都是南北直贯。我们自西昌出发，越螺髻山脉，这就是大小凉山之支延，东行经西溪河至昭觉，一百四十华里。狭义的大小凉山是自昭觉东至雷波的三百六十里地左右的山脉。昭觉东又有美姑河，那是纯粹译夷语的音而成，并无什么佳妙的意义。自美姑河东北走，翻上大凉山的山巅，巅上有一大块宽大的平地，是天然的牧场，叫做黄茅埂。自黄茅埂下行，东达雷波县，南北的延伸自峨边县下达云南的金沙江边都是凉山夷人的区域。小凉山呢，即在雷波境内。

刚才说过大小凉山有广义狭义二个范围，现在我们谈谈汉人在此区域内统治的程度。西昌现有委员长行营和省府的办公处，我们可以不谈，昭觉和雷波是县治所在地，当然汉人有着统治的权力，但自昭觉东三十华里之竹黑起至雷波西三十里之乌角止三百里间，政令很难推行。而在这东西三百里地的区域内又有数约二三百左右的小部落也都各自为政，没有统一的领袖作指挥。他们对汉人固是独立的，对他们自己也都保持着不相统属的关系，以言 Independent，真是适当之至。在这境内行走，骤看似乎困难极了，但是实际上也不大麻烦，并不需要特别的保护，夷区里流行着一种保头制度，这相当于今日之保险，在清时就已流行，那时除商人外，其他各色人等谁都不愿闯进去。保头的制度是各族的酋长或其亲戚担任保护，以言布商罢，他如带百匹布料进去，纳给保头五匹的费用（岂不正如今日的百分之五的保险费吗？）保头就担保他安全的出入。过去的考察团体都一半化钱，一半也靠情面，都能安全的顺利往来；说来也怪，你单凭钱，他们反而不卖账，会闹成过不去的笑话。

社会制度的特点

他们社会制度的特点，就是没有统一的领袖。就总数说，约有二三百支，各自保持着各自的界限，不相往来。所以作保头也是短则二三十里路换一个，长则二三天路才再办手续。夷人有些是靠不住的，保头也有好人也有坏人，个人往来有时会被他们掉枪花，半途把你绑架了去，出卖做奴隶，这在他们叫做"装统子"，被装了统子，那就"今生休"了。但是他们都择人而施，我们考察团一类人物他们都当作官，犹之他们的黑夷阶级，这是应受尊重的，不能欺侮。至于商人平民入境去经商，有时他们会给开一个很大的玩笑。

交通情形并不像想像中的那么险阻。西昌昭觉黄茅埂间二百里左右的道路是相当平坦的，但是逢到河流没有桥梁，最使旅行者为难。黄茅埂以东路途都险阻，步行尚不太困难，滑杆马匹却失了效用，行李就只有雇背夫。在夏季旅行，夷人家里粮食的储藏较丰富，但是河道水涨，湍流澎湃，步涉渡河，最是难事。冬季则反是，饿肚子也不是易受的。夷民逢河面较宽水道较深的河，有溜筒的设置。其法在河的两岸立二桩，络于棕榈做的粗索，所谓溜筒者即穿在上面，欲渡的人把自己缚在上面后，对岸的夷人就利用那缚在溜筒上的绳子向他这样拉，这样就渡过了河。可是在中途的时候，俯观底下急流的喘息真是恐慌。不过，话又得说回来，临河有溜筒，在我们看来还是最幸福的事情。途中有五六条河流，深度都过腰达于胸前，流急，水势汹涌，都得走涉过去。我们在中流，竭力挣扎，还是摇摇欲坠，但是夷人们真是履险如夷，背上顶着挺重的包袱物件之类，却大踏步的走了过去。逢到河流的时候，我们审察情形，或二三人手牵着手走，或请他们背负着渡过。

以物换物

夷区中还保持着以物易物的古风。法币在这里当然完全失了效用；因为云南的银币他都不要，所要的只是生银。去夷区考察，最好带布跟盐两种东西去，这可见他们的生活比藏人还简单，藏人还需要茶叶呢！罗罗族虽说主要是以物易物，但生银还是他们交易率的标准。譬如你到人家去投宿，当天晚上有一顿丰盛的晚餐再加明晨一顿简单的早饭，二餐一宿，你可以就招待的殷勤，菜肴的丰盈方面计较一下，偿付相当值的布匹。至于雇背行李的伕子，那非盐不办。大致一站路（长短自二三十里至五六十里）需盐一斤，半斤，或更多些。佣值由他们决定，你不能置喙要减一些，而且付值的办法也奇特，你得当他的面，把盐块打碎，用枰称给他。他满意了，就先把它捧还家去，再来给你背挑。我们得提一提，这里对盐的需要真殷切，通常有二路运入：一是西昌，去的是云南盐井的盐，一是雷波，去的是四川五通桥的盐。但是运去的数量有限，一是太重不便携带，一是受了潮湿的麻烦。据统计，山中夷民每人一

年只能享受一英两的盐，这是多可惊的一个数字啊。假使你有
盐屑掉落在地面上，他们会像都市中人嚼巧克力或糖果一样大
嚼。但是他们对盐的忍耐性也真大，一月难得尝一些也没有关
系。这贵重的盐，难得的盐，他们是拿来喂牲口的。牲口每星
期大概可食盐两次，人们的食盐有时简直是间接从吃牲口的肉
上得来的。

　　进凉山去除了布是易"住和食"，盐是易劳力外，不可少
的还有针和线等小物件。凉山地势高，无棉的出产，衣服破
了，就需要针线来缝缀。夷区的主要食品是洋芋，而一枚针一
根线的付出，你就可以把这大众化的食粮饱吃一顿。此外，我
们日用必需品如小镜子如木梳如丝线如绒绳等，在贵族黑夷家
里也受最大的欢迎。在黄茅埂歇夜的时候，我们的保头要以一
两生银换我的破胶鞋。几天来保头对我的胶鞋甚发生兴趣，在
黄茅埂宿夜偶然谈起鞋子，他问我这胶鞋市价要多少钱，我告
诉他当初买时是十五元左右，他即要求以一两生银子交换我这
破的东西，并且没有征求我的同意，他边说边摸，说完一两生
银已拿了出来，我告诉他，这鞋子已破没有用了，你既喜欢就
送了给你，他十二分的感激我，并说"我叫皮匠缝补后跟新的
一样。你们汉人丢弃的东西，我们都以为贵重的呢。"

　　再讲一个故事吧！可见他们仰慕外面文化的程度。在旅
程中，吃喝住是不成问题的，你一请求，他就或简陋或丰盛地
供奉。但是送路菜的却不多。有一天住在昭觉一个人家，他们
招待太亲切了，大少爷复送我们活鸡，备在路上煨着吃。正

巧，我们在盘算如何报答他。翌晨我们将动身时，大少爷生病了。一位同学有用剩的万金油一盒，拟送给他用；但是夷人有一个规矩，礼物不能自己对面授受，应请家长转给的；此外，夷人多疑，在他们没有见惯的东西，你要送他，一定要把应用的方法当场做给他看。于是这位同学把万金油蘸了一些在头上搽抹，随把匣于交给主人，请他转给大少爷，那知，他自己依样葫芦后，觉得头上很清凉，藏入袋里，竟不交给他儿子了。

夷人的吃

凉山山脉自北向南走，形如五指，我们横度凉山，就每天在山坡河谷高峰上跋涉。西昌的高度一八〇〇米，自此东行，愈走愈高，可见河谷都不太低。产米的坝子全程上只有四处，其他各地产包谷（玉米）、荞麦、燕麦等。西昌之米很好，昭觉高二〇五〇米，也有稻米出产（稻之高度以二〇〇〇米左右为限），二五〇〇米左右产荞麦，洋芋则到处都是，包谷以雷波为最。粮食大宗为荞麦洋芋，荞麦做粑粑吃，洋芋则以大锅烧煮。燕麦的吃法较特别，先炒熟磨细，叫做炒面，是以生的冷水调吃的。夷区没有磁器和陶器，调食的器皿是木制如小面盆大的一个碗，里面注满生水后，放入二把燕麦的炒面，调成稀饭状，随即捧着喝其三分之一，放下来，再置入燕麦五六把，由稠而凝，乃以手帮忙，做成铁球样大的一个个炒面球，塞到嘴巴里去吃。在夷区一二月，我们就这样吃，起先真害怕，但是"饿"只得吃了。

夷人在什么时候进餐呢？他们吃多少东西？都是很有趣的。他们起身绝早，约六时半左右大锅洋芋早已煮好了，是淡的，大嚼之后，再过约摸一点钟，粑粑做好了，每人大约可以吃到二个。其后或去田野工作，或去山间流荡，始终不回屋子。他们认为房子是夜间住宿的地方，白天不该躲在里边的，因而，白天就整天不吃东西。到了晚上，回到家里，是同样简单的一顿。一年他们难得变换口味，而年年过着这样简单的生活。太简单的饮食是否有妨碍呢？这是值得探究的问题，但是还没有人着手研究过。过去考察者都是坐滑竿自带粮食而去者，这次一行十余人步入夷区后，过的全是夷人的生活，彻底经验一下也是一件好事。（记者按：曾先生归来近二周，瘦削之面容，仍未恢复；惟精神甚好，今晚演讲，语调急骤，为时九十分钟，娓娓不倦。）

黑夷之招待外间的宾客，多在当晚，次晨早点则甚简单。享客习俗以动物性东西为贵的一点上颇似汉人，但彼等以四脚者体积最庞大者为最珍贵，故上宾之款待以牛羊，猪鸡为次。大概他的算法以代价最大者为贵故如此。

夷人的住

至于他们的居处亦足一述。普通都是三部分的一座尖顶屋子，有一门居中，中间一部分为男主人居室、厨房、宴客厅，左间为女主人止息处，右间为畜类止息处，此三部分或有木板隔离，或仅在外表上有此三个区分，中间并无隔障之物，惟女主人居处以苇围起而已。其中间中部，复搭一吊楼，无楼梯以通上下，临时搭一个楼梯爬上去。吊楼大致以竹子编排而成，殊不舒服，复有下坠危险。但夷人人习俗，外宾应受尊崇，请睡楼上，如楼上地位不够，始可以跟主人同睡中间。此种房子无天花板，屋顶盖板（有专名叫雨板）亦参差不齐，因彼辈伐木用斧，尚未进化至用锯铇之阶段，但手艺功夫尚佳，斧劈之下亦居然成木板。设木板被风揭去，则以大石盖其间。屋子内没有住何设备，偶有木柜储衣物，无床，席地而卧，无桌椅，屈膝坐地。中间偏左上角，有长方形之火坑一座，即是厨房所在。藏人烹炊有三脚铁架以支锅子，罗罗人更简单，以三块石头搭成"锅庄"，较富之家炊石是整齐的，有花纹雕琢在上面，较贫的人家连石子都是参差不整齐。"锅庄"上锅子甚大，约为三尺直径的大锅，仰给于汉人；而藏人用锅系小型，且能自制，这二点可见藏人文化程度比他们要高出一点。

夷人的宰杀牲口，不出大门，即在近门之地上动手。这次偶逢一家丧事，看见他们宰牲的大典。最奇特的，他们第一步的手续不是杀，而是"活打"，这与中国古时所谓椎牛的习俗颇相仿佛。要打了，这牲口就由一人在前面牵着绕屋内而走，行刑者跟在后面以铁锤猛地向被宰物的脑部击去，这牲口要逃，但是鼻子被人牵着，不能走。一下当然打不死的，于是继续牵走，继续击打，直至体无完肤，一息不存为止。打猪打羊固如是，打牛也是以这样。只是体力庞大的动物尚须适量的助手而已。

牛皮和羊皮他们也知道制革和做日用品。猪呢，不去皮，把整个猪放在火堆上去烧五六回。毛焦了，但不一定全焦；于是经过刮的一道手续，刮当然也不能全都刮掉，但是不管焦毛和黑毛，就切成大块放向锅里去煮。煮的方法也特别，许多年来树木砍伐光了，夷区燃料很缺乏，为了节省燃料，他们用很少的水和着煮，煮至适当之限度，正是半生不熟的时候，再倒入一大桶冷水，于是，再煮五分钟，就拿起来吃了。煮时不放盐，仅在吃时把盐和辣椒撒一层在肉上。客人和主人环坐在锅庄周围，由主人以肝敬客，头部之物次之。以前，他们都以猪的嘴唇敬宾客的，但是宾客对这软绵绵半生不熟的两片肥唇，实在心中叫苦，左右都不是；现在，夷人汉化了一些，除肝外，不强宾客进唇了；肝本是富滋养又易吃的东西，求之不得，所以不太为难，不过半生熟的大块猪肉难以下咽一些。

夷人的服饰

夷民的衣服，大体说来，男子同汉人大同小异，他们上身穿蓝布短褂，下穿长裤。但是裤脚异常之大，大概宽在二尺左右。他们在短褂里面，穿着了一件用羊毛加重压制成的半长披肩，谓之披肩者（其实应叫做背心）因为他没有袖子。这东西的穿着与否，与气候无多大关系，他们是终年穿着的；有些较富有的人家，他们都穿着两件，很荣耀示炫的样子。女子的上装或对襟或大襟，大襟的很像清季妇女们穿着的外褂；下部系着西洋风味颇重的以粗绒裁制的裙子，质虽粗糙，但上面是白底蓝花的图案。一般都不穿鞋，不戴帽，男子左耳穿洞带着珠珥，女子两耳都穿珥戴环。手上戒指很少见，但是女人胸襟前和领上用的别针，铸工颇精细，这怕是他们精美手艺的一种。

社会组织还可以补充的是他们的阶级很清楚，贵族阶级我们称之为黑夷的，他们自叫做"苏朴"，劳工阶级我们称之为白夷的，他们自己叫做"娃子"，超阶级是绝对办不到的。譬如，黑白夷会打架吗？不会的。因为白夷如动手打黑夷，犯上作乱，生命就有危险；黑夷打白夷呢？把手弄脏，把身分降低，他肯做吗？又如，交婚有可能吗？也没有。白夷男之慕黑夷女者，处死不成问题；黑夷男之慕白夷女者，亲族家庭间会没有他立锥之地，他会冒大不韪吗？答案当然又是否定的。

如此情状，白夷为什么不革命呢？这以知识程度不够来答复，显然是浅薄的。我们认为他们阶级观念固极明显，但是权利的享受并不差得太多，因现代化的说法，他们两个阶级是分工合作的制度。黑夷是武士，白夷是劳工，这种阶级的形成全在超越的能力具备与否。娃子们的生活和生存是有保障的，他们假使被他一族欺凌，黑夷就出面为他们理直，兵戎相见也在所不惜，再如享乐机会的平等，也可说是一个原因。有饭固然大家吃，即如享客大典，娃子也被叫来参加的。譬如说吧，宰四足畜类享客的时候，主家三五人，宾客七八人，娃子则有五六十人参加，同样的吃，毫无区别，但是主客同座外，娃子可不许随便乱坐，他们多七八人成一小集团，屋子内挤满了七八个人堆，这也可见他们阶级分别得清楚的状态。

这里还有一个现象，颇类江南乡村之聚姓而居的融洽，同支同族常团聚在一块。子弟们常跑东跑西，在他们的本家家中胡吃胡住，这动作几乎成了他们习俗之一，即异支异族人，亦可相互来往，不过不太多见而已，汉人求宿，始取值。

夷人冤仇观念颇深，起因于小事而绵延数代仍相仇结。桃色案件常为最大之原因，但是一针一线之微，一牛一羊之畜，竟亦易为大规模械斗之导火线。他们在械斗之前，先约请亲串友好来家，届时便一齐参战，两阵相对，非打得精疲力竭，伤亡枕藉，不轻易暂休。械斗对行旅也麻烦，因为到了边界，背夫不肯再进一步了，雇主若不自己往返协商，行李就停在路上，不能动弹了。

夷人与"夷"人

最后再谈一些习俗，有若干地方他们颇似近时西人之风尚。如在家他们颇沉默，不许大声发话和高谈阔论，禁止做对同室居人有妨碍的举动。此外他们是以女性为中心的社会，尊敬女子之风，不论在家庭里或社会上都一样。譬如黑夷对娃子有时不免疾言厉色，但娃子的妻女若在那时出现，彼黑夷者对她们就温言愉色，全是一种出自衷心的尊崇。西昌朋友告诉我一个故事，有一次一个考察团体去酋长家找保头，父兄辈都出去了，临时由一个女郎代理，该考察团中心恐恐地随行，那知路上特别方便，人家都因是黑夷女子作保头，处处给照料和款待，这也可见一般了吧！

上面谈到械斗的暂休不是容易的一回事，但是也有几个方法能暂时息手。除了一家完全失败，汉官调停以…外，其最有效和奇特的，就是黑夷女在阵前把裙子舞动一番，双方会立刻休兵。而且并不需要第三者中立的黑女来作这动作，交战双方任何一方面的黑女都可以的。

话又要说回来，夷人虽是女性中心社会，但自由恋爱的结合却很少，大半都是父母之命，媒妁少言的撮合；而且女方受男家的聘礼很重，仪式一点也不马虎。这，又与中国的旧习俗若合符节，真是有趣的一回事。

（子寿谨声明，本文未请曾先生校阅，如有错误及脱漏，全由子寿负全责。）

选自《大公报》一九四一年十一月七日、九日、十日、十二日

// 我们十一个

戴广茂

　　我们一共十一个，除了曾先生是教授外，其余都是联大的同学，有的学化学，有的学物理，有的学地质，有的学生物，有的学地理，也有研习社会和政治的。除了曾先生外，我们十个都只是二十岁左右的青年，大家还带着童年的天真和一颗没有被侵蚀过的纯洁而坦白的心；曾先生虽然年纪比较长些，但那一股英爽的精神，还是和我们一样。

　　我们十一个，在从前虽是同样生活在联大，虽是彼此有着熟识的面貌，但为着大家研究和学习的不同，却非常生疏，甚至我不知道他姓马，他也不知道我姓戴。感谢今年的暑假，我们为着抱了同样的愿望，同样追寻理想的切心，于是我们聚在一起了。我们中间除了曾先生而外，谁都不曾徒步两千多里的长途，更没有历身荒蛮异域的经验。这一次，我们只凭着一些生命的热忱与勇气，就没有迟疑地走上了这条荒凉的旅途。

　　事前我们并没有得着任何方面经济上的援助，以维持这次旅行的经费，仅仅藉着各人平日节蓄而积下来的几个钱，和暑期三个月的伙食费，以做这样长期旅途的用度，当然我们每天便得生活在穷困里，但为着要达成我们的理想，我们只有长此以兴奋的精神和新奇的发现来适应这穷困的境遇。

　　我们没有完备的行囊，只是几件工作上必需的仪器，几套日常洗换的衣裤和被盖，我们每个头上都戴着一顶草帽，背上带着一个水壶，至于笔记本和照相机自是随身不离的宝贝。团体里，除了我们十一个外，几个辛劳的力夫和几匹背负行李的驮马，也是我们旅途中最亲切的伴侣。

　　在旅途中，我们各个都有规定的任务，记录和照相是本分的事情，煮饭和烧菜也是每天的功课。遇着湍急的河流时，不但需要赤足徒涉，还得大伙投下水去，兼代背负和赶马之劳。在荒蛮的夷地里，我们都得机警地担着维护团体安全的重负，我们历经辛苦，谁也没有怨尤，因之这一次，我们在知识上所求的也许很肤浅，不值得道述，但所值得留恋的，所抹杀不去的美丽，实在就是这一片纯洁的，真诚的，互助的友情。

　　每天我们要走上八十到百里的路程，那不是单纯广阔的大道，中间有原野，有河流，有田舍，还夹着许多高山和洼地。太阳出来是我们出发的时辰，在晚霞浓照中，我们才得着休息，这时我们各带着愉快的心情，去寻找一条小溪或山涧，在里面边洗身边谈笑，一天的辛劳这时才是享受的时候。夕阳照着水波，重给我们精力的光耀。

　　我们永远本着这种坚贞不屈忍耐和互爱互助的精神，日子一天一天底下去，终于完成了自己理想的任务。

　　我们的旅程，一连三个月，从夏天到秋天，从广漠的平原越过无数的高山深水，如今又回到这秀丽的平原上来了。这时我们带了满身的风尘，望着层层云海的那边，不还是蕴藏着一块没有开发的富源地？那里也有青的草原，黑的森林，碧绿的湖水，紫褐的矿山，更有着不胜枚举的强悍夷民，我们要尽量的使之化为国用，以做建国规模的一个基础。

　　现在我们凭着一些深刻的记忆，也凭着一点温暖的鼓励，乃将这次旅程的经过刊出册子来以供对边疆有研究志趣的同志，作个写实的记载。至于比较专门的调查报告，已提献西昌行辕经济设计委员会呈请指正，没有刊在这里。

　　末了，我们十一个带着虔诚的心，希望各方面不吝予以指教。

　　选自《国立西南联合大学川康科学考察团展览会特刊》，一九四二年二月一日印。本篇为代序，出自此特刊的以下六篇按原顺序刊载。本组文章承戴美政先生协助校订

// 滇川两千里

曾昭抡

（一）诸葛故道

在民国三十年七月二号的早晨，国立西南联合大学师生十一人，徒步走上历史上有名的一条征途。他们的目的，是由昆明北行，经会理到西昌，再由该处横过凉山，入四川境。由昆明到西昌这条路线，也许对于一般读者，不免生疏。可是从历史上看来，这是一条极其有名的路线。在三国时代，诸葛武侯南征孟获，"五月渡泸，深入不毛"。据今人的考证，一部分便是走到这条路。元初蒙古人征服云南，也有一段系采此线。因此即从纯粹的历史眼光看来，这路途中情形，也是饶有兴趣。

（二）新山寺

假如有人问我，对于昆明、会理间一段路的旅程，感想如何？我的回答是，这段经验，仿佛就和"唐僧取经"一般。在这条不到六百华里的路上，几乎到处都是危险的地段。汉人中间的土匪，固然已够令人害怕。大帮夷匪的出没，尤足使人寒心。在这种路上，商旅居然仍旧畅通，真是一件不可思议的事。无论如何，一关又一关，我们总算是把这条路走通了。一路上听见人们说那些"冷刀头"（匪徒杀人后再劫货）的故事，觉得冒这趟险，真不容易。

离禄劝城北行，承李县长特别帮忙，沿途都有自卫队护送。过县城以后，当天继续前进十八里，宿在拖梯。第二天自此村启程，途中经过几座村庄，计二十一里到达一座名叫"小箐"的村子。护送的兵说，有名的新山寺，就在前面不远。前行看看田地慢慢走完，路途渐入荒山。带着搏动的心和满腔的好奇，我们心中老问，新山寺为何还不到；同时我们却又不愿将这种问句，去刺激那些老是害怕的自卫队。自小箐五里过小店尾，村中看见一位铁匠，正在手挥铁锤，打一块红热的铁。我们的幻想，立刻联想到，这位铁匠，也许在那儿，替匪徒打一把杀人的刀。

由小店尾四里过车梁子，又四里到倒马坎，倒马坎已经是"老伙"的地方，在那里出过无数的劫案。护送我的兵，就能亲身忆及一些事件。此处并无村庄店铺，只有路旁一座茶棚，由一位老太婆掌管。到此口渴已极，我们便歇下来喝茶，听兵士们与老太婆谈盗匪劫人的故事。

自倒马坎前进，原来的泥页岩山，变为暗红色的砂岩。一来就循砂岩级路，陡盘上去。三分钟后，路势转平，进入小松树林。绿林和豪杰，在我国似乎有不可分离的关系。一到这里，同来的两位士兵，面部表情，马上紧张起来，原来背着的枪，此刻拿在手里。低着头，弯着腰，持着枪，他们以冲锋的姿势，东张西望地，摸着向前进，一面叮嘱我们紧跟着一起走。途中我们想停下，取一次气压表的记录，他们也不肯，连说此地太危险，不可逗留。弄得我们没法，只好一面跑，一面看记录。

如此紧张了两里多路，总算是就走到了山顶。顶上一片颇不小的平地，光秃秃地露出来，平地将尽处，离路旁不远，有一座小庙，那便是所谓新山寺了。不顾护送人强烈的反对，我们在此停下去逛庙。这庙据说完全是一座空庙，连强盗也不住在里面。庙的大门，背着大路；靠路的一面，是它那粉刷甚白的一片后墙，在那墙上，画却一只彩色的小麒麟。旁边有拙劣的字迹，题着两句诗，说道："来到新山寺，近神要诚心。"我们想，也许强盗在附近杀多了人，特地来拜神以求保佑的。

走到此庙前门，颇觉杀气森森。我第一个摸进大门去。门是半开的。进门地上满是血迹。劈面在地上蹲着一座大香炉，四周血迹模糊，沿边插着许多鸡毛，骤看真是惊心惨目。

问士兵说，这是本地人敬神的习惯，心方才略为放下一点。继续再往前摸，一路提心吊胆。庙只有一座殿，殿只有一座神；那神不是别位，而是送子娘娘。我们想不到这神与强盗有何等关系，除非是保佑他们多养几位小强盗。

出来的时候，我们在庙后坪上，合照了一张团体像。我想强盗们如果知道了，必以为这是一种莫大的侮辱。由此下到鹧鸪河边，不过两里。在最初一段绿林当中，护送的兵士，指给我们看，路旁就是前年一批工程师被剥光的地方。

（三）山歌应答

在云南各地，乡下老百姓，都有一种唱山歌的习惯。这种习惯，和所唱的调子，原来大约均系由当地土著学来，可是现在业已完全变成汉人风俗的一部分，歌词也纯是汉字。每逢农忙的时候，乡下男女，下田工作，往往会自行唱和起来。路过行人，如兵士等，也常会参加。此次途中，我们就亲身碰见过好几起。其中一次就在过了新山寺以后。

新山寺脱险，渡过了鹧鸪河，我们每个人的心里，都不禁轻松起来。鹧鸪河北岸是一片平坦的田岸，上岸以后，送我们的兵就对田中工作的妇女唱起来。几次挑不动，正要向前走，一位穿着大红袄子的女郎，却自田中突然站起，停止工作，尖声高唱，以作回答。兵士们这番不好意思，到想避开。还是我们做好事，叫他们不要躲，停下对唱一会儿再说，耽误行程也不打紧。于是这面开口便是一声"小妹",那边唤以"冤家"。赖着四句一段的七字唱,彼此就搭讪起来,互诉衷肠。女的问男的,是何职业。男的答说,年纪轻轻地,就当了兵,真是可怜。女的便唱道:"当兵莫当大理兵,提起大理好寒心……"(按滇北人传说大理人最风流,所以故意如此唱,以示挑逗。)这种音乐的对白,听起来真怪有意思。不过他们和她们唱这类的歌,正和西洋人爱唱流行的爱情歌曲一般,只是借此消消遣,并无有任何深刻的意义存乎其间。唱完的时候,最后一曲,彼此相互道谢,谢对方唱歌,便此罢休。这种对白的歌唱,最难得的一点,是许多歌词,都是临时编的,虽说老是那一个调子。据他们说,如果"棋逢对手",两人对唱,几天不竭,也不算难。

(四)三威治

像面包夹肉一般,从昆明到会理的大路上,多年来汉人已经在夷人区域里,打开一条血路,保持着这条交通线。此条插在夷人中间的汉族区域,其平均宽度,大约有二三十里。但是迄今滇北还有些地段,这"三威治"(Sandwich)中的火腿,竟薄得像纸一般。自富民北行五十里,在离昆明不过一百二三十里的地方,已经碰到此等区域。由禄劝往北,更常碰到此种情形。在这些地区里,紧靠大路旁的村庄和农屋,便全是倮族,在一种特殊的平顶房屋里,他们过着极简单的生活。他们里面，大部分不懂汉话，或者懂得很少，尤以女子为甚。所以在那些地方迷了路，是一件顶麻烦的事。

到板桥的一天，快到的时候，途中碰着大雨，临时跑到一家夷人家里去躲雨。邻家的獒犬，对我们表示很不欢迎的姿态。投奔的那家主人，也拿着一种惊疑的样子向着我们。那家里正巧男子都不在家，只剩下留通汉话的婆媳两人，进去以后，我们老实不客气，就在火坑旁边坐下。当时久已过了正午，还未打尖，肚皮饿得不成样子。问主人家有什么东西好吃，她们说没有。告诉她们，我们吃完一定给钱，决不白吃，甚至预先拿出钱来买也可以，她们却说，钱不要，吃的东西没有。再问她们自己平常是吃些什么，胡乱地随便拿些出来吃，她们连答也不答。这种不合作主义，真把我们弄急了，可是也没有办法对付，只可继续地向她们说好话，恳求她们。好容易劝服她们，拿出一些生的豌豆来，我们便在火上，就着她们的铁锅，用焦盐干炒着吃。后来她们看见我们怪可怜的，居然把自己煮好的食物（豌豆、包谷与大麦煮成的混和物）拿出来送给我们吃。当初如此夹生，熟了却好得很。临走的时候，给钱无论如何不要。最后送她们一点东西，还是再三推辞始收。由此可见民族间的仇恨，许多都是起于误会。感情弄好了，什么事都容易解决。一件有趣的事，是同去一位驮马夫，无论如何，不肯吃一点东西，定说夷人家里有鬼，吃了必蒙不利。

（五）鲁车渡

金沙江上游，两岸陡峻异常。山顶和河面系殊一千米。在这逼窄陡峭的河谷里，流着那条橘黄色的，水面满作旋涡的怒流。河谷里的天气，热得像次热带一般，终年没有凉快的时候，全夜热度也很少减低。芭蕉等一类次热带的植物，在那处繁盛地生长着。西康省的东南角，现在是沿此江与云南分界。历史上有名的鲁车渡口，便是这段江上。鲁车渡是金沙江渡口当中比较小的一座，通常只有一条木船来往渡客。在南岸上，完全没有房屋；北岸也只有一间独家的马店，在这处康老板的马店里，我们渡过了阴历六月十四的月夜。

马店照例是脏得不堪。此处因为气候特别热，尤其可怕。店里又脏又臭，苍蝇几乎多到可以将我们抬起来。可是在外面，在江滩上，一切都是美丽的。我们坐在沙滩上，看月亮从山后升起来，照耀在狂流的江上。我们在黑夜，还下去游泳，而且用金沙江的金沙，将满身涂起来，扮作黑人模样，鲁车渡的一夜，是一件毕生不会忘记的事。

（六）滇康交通

按照目前西康省的版图，由云南通西康，一共可说有三条交通干线。极西的一条，由滇省西北隅的丽江，再向西北去，经维西、德钦（阿墩子）入康境，径趋巴安。这路是向来西藏人来滇贸易的大道。其东尚有一条比较次要的路线，可以算作此路的补助线者，是由丽江仍向西北行，过金沙江，经中甸县（在维西东北）入康经德荣，仍到巴安。

滇康交通的中路，乃是云南帮运货到康定的大道。这路亦以丽江为起点，不过是径向北行，经永宁后，入西康省境，到木里土司（属盐源县）。由木里向东北行，到九龙县，再折向北，径奔康定。

至于东路，即是由昆明北行，过金沙江，入康境，经会理到西昌的这条大路。这条路线，实在说来，大体又可分作三支。自昆明北行，起初三支不分。七十五里到富民，又五十里过麻地。过麻地山口，路分两支，一支东北去禄劝，一条西北经冷村到武定。所谓东路的中西两支，经武定；东支则走禄劝（这支通常称为"小东路"）。最西一支的站口和里程，据说由麻地四十里到武定，武定九十里到马鞍山，又九十里到马头山，再三十里到元谋（在武定西北）。自元谋北行，八十里到龙街，过金沙江。再北过姜驿后，入西康省境，经通安、张官冲，到会理。由昆明去，一共是十一个马站。新近完成的西祥公路（西昌至祥云），可说介乎此线与丽江、木里的中路之间；其后面一段（亦经通安，张官冲等处），大体系与此线相同；过江的地点，则在龙街以西几十里。

东路的中间一支，可说是此线上的小路，路途最捷，可是走的人最少。该支路由武定往北，六十里到茶店（途中翻过多匪的大黑山），又六十里到满德坪，再六十里便到金沙江边。过江三十里到新铺子，与下述"小东路"合。自昆明循此线去，一共只有九站路。

最后经过鲁车渡的"小东路"乃是最东的一支，重要性仅次于西支的一条路，也就是我们此次所走的路线。此路由昆明到会理，共计十个马站。

关于此条路线，我们还应该特别提到，石板河以后，本线又分两小支，自石板河前行二十三里，到一叉路口，在该处靠东一支，翻过攀枝得丫口到板桥，西支则向西斜，去杉老树。由杉老树半天下山，到金沙江边，在鲁车渡上游一点过江，宿中午山。第二天由中午山到通安；第三天由通安到张官冲，与上述路线复合。此支路亦是十站到会理，渡口船只较多，走的人也较那路要多些。

（七）物价变迁

此次由滇入川，途中所见物价上的变迁，是一件相当有意思的事，姑以米价为一种衡度，途中调查所得结果如下：

昆明至宜宾沿途米价变迁表

地　点	每升米斤数	每升价格（元）	每斤价格（元）
昆　明	一.三	一.二〇	〇.九三
富　民	六	五.三〇	〇.八八

续表

地　点	每升米斤数	每升价格（元）	每斤价格（元）
者　北	六	六．二〇	一．〇三
拖　梯	六	三．六〇	〇．六〇
龙海堂	六	三．八〇	〇．六三
石板河	六	四．五〇	〇．七五
板　桥	六	六．〇〇	一．〇〇
鲁　车	四	四．五〇	一．一二
新铺子	四	四．二〇	一．〇五
张官冲	三斤五两	四．五〇	一．三六
会　理	三斤六两	四．五〇	一．三三
大湾营	三斤六两	五．〇〇	一．五八
白菜湾	三斤四两	四．五〇	一．三九
摩挲云	三	三．五〇	一．一七
永定营	三	三．一〇	一．〇三
乐跃场	二．五	二．四〇	〇．九六
小高桥	二．五	二．二〇	〇．八八
崩土坎	二．五	一．七五	〇．七〇
西　昌	二．五	一．七五	〇．七〇
雷　波	三．二	一．九〇	〇．六一
宜　宾	三．二	八．〇〇	二．五〇

（八）铁锤齐举

会理附近，是国内不可多见的一处产铜区域。出县城南行，三十多里路，便到大铜村的矿区。途中起初所经过的一大段，全是丰饶的田园地带。到了最后，翻上一座高山。最初山上松树不少。到了山顶乃是只剩草皮的一座荒山。大铜村一共不过三五家人家。在两年以前，此处还是土匪窝子，一面夷人也出没无常。我们真佩服铜区工作人员那种开路先锋的精神。他们冒着性命的危险，来到此间。结果不但将矿山的宝藏打开了，而且使附近的居民，也借此得以安居乐业。我们国家所最需要的，也是这班不畏艰难险阻的建设家。

从表面上看来，铜矿山不过是普通一座荒山。人类手持着铁锤，敲着这种的山，那山就打开它的肚子，将蕴藏的宝石，奉献出来。在暗红色的砂岩与页岩中间，嵌有火成的砾岩，铜矿藏在砾岩里，五颜六色地，和宝石一般，照耀人们的眼睛。翠绿色的孔雀石，铜灰放亮的"西蜡"（辉铜矿），鲜红色的赤铜矿，美蓝色的蓝铜矿——这是大自然收集在一起的标本。人类将它们拿出来，放在炉中，炼出铜来，像神话一般，这些有不同的美丽形式的矿，都变成了大家习知的红铜，经过电解，提净粗铜变成纯铜。大块纯铜，拉成铜丝，做成电线。或者它们也许走到兵工厂，变成军火，来消灭我们的敌人。

在大铜矿厂，我们看见这部铜的伟大历史的第一章，每天八个钟头，成百的工人，头上顶着"红子油"灯，手里执着铁锥，钻进矿山的石肚子，进行他们在抗战建国中的一份神圣工作。成百的铁锤，一齐挥下，向老山勒索它的宝藏。成百的心，一齐在跳动，一齐在默祝着祖国的胜利。谁看了这种情形，能不感动？

（九）西祥公路

由会理到西昌，三百多里的西会路，自古以来，就是我国西南部的交通要道。诸葛孔明的足迹，大概就在这段路上踏过。此条路上，不像昆明，会理间那么荒凉，沿途都散布着村落。

这一段路，虽说是古来大道，却仍然是嵌在夷人区域当中，在东边是黑夷（倮族的一种），在西边是比较驯良的栗苏和其他边疆民族。全路大体都很平坦，东边沿着螺髻山脉（大凉山的一条支脉）的脚下，西边溯安宁河面上。（自摩挲营以后，几乎全部是紧贴着蜿蜒的安宁河走）。多年以来，最大的威胁来自东方。清末民初，凉山夷人蠢动，向西膨涨，此路遂益岌岌可危。一年以前，数百人一帮的夷匪，成群下山行劫，乃是常有的事，因此行旅视为畏途。甚至西昌一城，到了傍晚，也不得不闭门御夷。然而这种危乱的情形，感谢西祥公路的修筑，现在业已终止。商旅行人，往来此道上者，莫不额手称庆。

西祥公路，为目前大后方交通的第一条捷径。经过这条路，各国援助我们的军火，可以取道祥云，径趋西昌，入川康两省，无庸绕道昆明，由云南的祥云县，修到西昌，这条战时加紧完成的公路干线，全程计长五百四十八公里。由会理到西昌的西会段，占其中之一百七十一。论起抢修的速度，这条公路，可说是打破我国一切筑路的纪录。西会一段，去年十一月，方才开始测量。今年一月九日，方始开工。到了五月底，居然按照上峰限定的日期，全部完成通车。假如后方每种建设事业，都像此事一般的有成绩，我国抗战建国的前途，比现在一定还要光明得多。

西祥公路之如此速成，决不是一件偶然的事。我们沿着这路走，便知其详。（公路的路线，一直大体与旧路相同。到了黄连关以后，方始分路。）在此路上服务的人员可以说，从上到下，没有一个人不紧张，没有一个人不是十二分地努力，我们走过的时候，工程业已完毕，正在赶办结束，然而即在此种情形下，沿途所过公路站晚上在汽灯底下（有时甚至在菜油灯底下），工务人员，仍然不分昼夜，在那里办公，在那里画图。修筑此路时，技术人员和熟练工人（石工、木工、桥工等）全是由滇缅铁路暂时调来借用的，上海来的老师傅，北方来的监工，大家一齐把精力和经验拿出来，协力造成国家的动脉。专任土方工作的本地民工，也深得外来朋友的赞美。这条公路的如此迅速完成，可以说是全民抗战一种具体的结果。

公路的修筑，不但恢复了沿线的治安，而且使市面顿然改观。原来因为夷患人口稀少的地段，现在要来供应大批人马的需要。以前被夷人所烧毁的村庄，目下在旁边又搭起卖茶卖吃的茅棚来。僻陋的乡村，摊子上满布着力士香皂一类的外来货品。小小的茶馆里，上海工人，翘着脚休息，自己也莫明其妙，想不到自己居然会这样深入内地。

（十）蔡三老虎

从会理动身的第一天，大雨就将我们耽搁下来在距城二十五里的大湾营。一身又湿又冷，我们和挑子们，一同围着火坑烤火。店主对于烧柴，十分吝啬，每抽一根草来烧，都要使他呻吟一声。可是不顾他屡次反对，我们仍然继续地烤火聊天。同行的挑夫们，到那时彼此已经相熟了，大家凑在一起聊。谈到喝酒问题，我们说，无论如何，酒不应该喝。这时一位挑夫便说道："酒有人真会喝。像我们本地人的'朱大力气'，一人一顿能喝两斗，这位朱大力气，真能吃，又能喝，尤其是气力大。三十多斤一斗的米，他能背上六斗，蹲着就痾尿，连米也用不着卸下。现在他年纪已经六十多岁，但是'扮'起禾来，比几名壮丁还要强。"从这里我们的谈话，转到蔡三老虎身上去。在会理一代人心目当中的英雄，就是朱大力气和蔡三虎。蔡是夷匪当中的首领。十余年来，他和他的兄弟蔡么老虎，在西会路上，沿途骚扰不堪，汉人提及他就害怕。这条路线之所以幸存，完全是靖边司令邓秀廷（以前称邓团长）的功劳。

（十一）邓司令的会见

我们在西昌的时候，恰巧邓秀廷也到了西昌。经过一位朋友的介绍，特地去拜访了这位历史上有名的人物。那时候不巧他和宁属屯垦委员会之间，意见有点龃龉，所以住宅附近，戒备甚严。他的部下，一部分是夷兵。他们的装束，大都完全是夷人的样子；不过每人胸前挂着一个"邓"字的大块布条。据说邓最多疑。所以约好以后，我们马上就赶到他的公馆去。他所住的地方，是一幢很大的旧式房子。从里至外，布着好几层岗位。站岗的兵一部分穿的是汉式军装。客人来了一齐敬礼。副官将我们引到最里面一间长房里，邓便着军装出见。邓司令的印象，和我们当初所期望的不同。虽然两目奕奕有神，他并不显出怎样威武。他的面貌很清癯，而且似乎烟瘾不轻，不过身材长得相当地高，见了我们，便拿茶和瓜子相款待。据他自己说，本人现在年已五十二岁。手下辖有三团兵，每团一千二百人。其中两团是汉人，一团是夷兵。

（十二）昌川交通

由西昌到四川，自来交通大道，是由西昌向北行，经礼州、泸沽折向东北，第四天翻过小相岭，经越巂，共八站路过大渡河到富林，由富林北行，经汉源街（汉源场）一天到汉源县城（以前的清溪县）。再由汉源县东北去，翻过大相岭，经黄泥堡、荣经县三站到雅安。计由西昌到雅安，总共十二个马站，（中有一部分为九十里的大站）。由雅安东北去成都，是四个马站，以前号称三百六十里。川康公路修通以后，沿公路实地测量，实为一百五十三公里，合三百零六华里，自昌至蓉，十六站路，共计一千余里之多。

在此路之西，另外一条行旅较少的路，号称小路者，即系太平天国失败后石达开所窜之路。此路由西昌径向北行，经泸沽冕宁，到安顺场（即石达开被擒处），过大渡河，径趋泸定，计十二站路（由西昌到泸定）。自泸定西去，一天半可到康定，东行则六天（中间经过汉源）到雅安。如循此路绕道到成都，则自西昌算起，一共需二十二日之多。

以上两路，均嫌迂迴，而且需翻大山，不合公路路线。新近辟成的乐西公路（乐山至西昌），系由西昌北行，经泸沽后，绕过小相岭，在富林上游六十里过大渡河。过富林后，又绕过大相岭，径趋嘉定（乐山）。全程共计五百余公里，一部分系在满目荒凉的夷区，辟成新路。

实在说来，由西昌到川省的交通中心，最捷的一条路，乃是翻过大凉山，径到雷波，趋叙府（宜宾），这路据我们此次实地踏勘结果，由西昌经昭觉到雷波，共计五百零六华里。由雷波到屏山，三百三十华里；由屏山到宜宾，水路二百华里。总共由西昌到宜宾，不过一千零二十六华里，较乐西公路，全程为短，虽说如果辟成公路，路必较绕，可是我们不要忘记，由屏山到宜宾的两百里水路，终年可以通航；同时宜宾还在乐山下游四百华里（水路）。原来通过大凉山的铁路线，早已载在国父《建国方略实业计划》之中。将来发展后方交通，此线殊有多予注意的必要。

（十三）夷区第一课

由西昌东行九十七里，深入夷区，在极端疲倦的状态下，我们来到保保沟，在当地领袖黑夷，大路保头马乌哈家里歇下。时间久已过了正午，沿途无处打尖。人类最初的需要，逼得我们不得不开口向主人家讨东西吃。主人能说不错的汉话，一听马上懂了。从一只木柜里，他伸手拿出几只上漆画花的大木碗来。其中最大的一只，上面有盖，里面装的是炒熟的燕麦，夷人所谓"炒面"。为着怕我们不会吃这东西，他先表演一番，给我们看。在一只较小的木碗里倒上一碗水，用手加上一把燕麦粉。用筷子一搅以后，这种稀饭似的清汤，他就端起来，喝了三分之一。此时再加上三四把燕麦粉，右手握住一只筷子，将混和物以反绕方式搅拌，造成很黏的一团。最后再加一些麦粉，又搅一阵，然后将混合物挖出，用手做成一团。这物就等于西藏人所吃的糌粑；拿在手里，撒下来就往嘴里送。

这样表演以后，他就劝我们照样地吃，一方面提议替我们调制。这种吃法，并不太新奇。别的没有什么，只是用生水调制，实在太可怕。冷水不打紧，只要是山上的流水就好。最令我们不放心的，是所用的水，乃是自一只水桶中取出。这桶静水里面，不但灰尘不少，而且还长有苍蝇。一想到卫生问题，我们很怀疑，应不应该吃这种东西，但是犹豫的期间，不过几秒钟之久。在饿死与吃些微生物之间，我们很快地就选择了后者。幸运得很，我们并不曾因此得病，自从此次第一课以后，我们却变成什么都不怕。夷人吃什么，我们就吃什么，把一切近代的卫生知识，一齐抛在脑后。结果一路过此种"蛮化"的生活，一点也没有事。

（十四）紧张的一夜

一过梭梭梁子，我们就失了伴。原来那处有两条路可通，两条都是大路。下了梁子，等同伴们老等也不来，看看天已快黑了。不得已只好又往前走，向"四块坝子"去，找住宿的地方。走了不到几步路，忽然看见一位夷人，飞奔而来。跑到我们面前，将一张名片一扬，一看是我们一位同伴写的。上面写着，他们已在马保长家里宿下，叫我们快去。看过以后，我们正打算跟他一起走，他却已飞奔而去。勉强跑着跟了他几步，一会儿这人连影子都不见了。平常我们老嫌夷人走不动，这会又讨厌他跑得太快，既然这人走得无影无踪，我们只好仍旧续向前摸。好在四块坝子的稻田，朝前已经看见。谅必找到马保长家里，不致十分太困难。此刻天已昏黑，不就月亮上升。月光下在这生疏的夷区，我们孤单单地，三个人向前摸索。直到坝田，刚要到一所房子跟前的时候，隔河一座山岗上，有人高声叫，问我们是到那里去的，彼此之间，言语并不很通。叫了几声，把他招下来了，告诉他我们是到马保长去的，要他领路。他说这村子的夷人都姓马，到底是找那一家，告诉他是"大路保头"的马家，他又说，此地有好几家都是大路保头。弄得没有办法，便告也带我们到最大的一家去，黑夜跟着他跑，途中踏着冰冷的水，越过一道大河，来到一家门前，不巧敲门敲不开，里面根本没有人。此时那位夷人，又带我们再走。一路踏田塍，踹烂泥路，狼狈不堪，看看愈走愈远，有点不对，我们乃问，现在带我们去的那家，究竟是黑夷，还是娃子（即奴隶阶级）。听说是娃子家以后，我们告诉他，不住娃子家，要他带到本地最大的黑夷家去。他说马木呷在此是大家，去他家里好不好。到此只好姑且碰一碰再说，于是就跟他上那家去。

马木呷的家，位在一条河边的山岗上。当初摸行的时候，就看见那处火光特多，有大批人集在那里叫喊，仿佛是举行什么庆祝会似的。一到那边发现屋前平地上，集积了成百的黑夷。问主人马木呷在哪里，才知道他的哥哥，今天刚刚死去。这一大批人集在此处，原来并不是庆祝，而是在哭丧。既然到此，看看同伴们不在此处，天晚又不能再找，只好决定在这里宿下。同时为着客气起见，找到主人以后，便告诉他，我们要进去吊丧。原来已被大批黑夷包围，此刻他们更是高兴得不得了。他们的好奇心，显然驾过悲哀。我们向里走，四面的夷人，便一齐拥护，将我们拥抱起来，抬头向前去。于是脚不沾地，我们便到灵堂里面去了。我想有人拥抱，总不坏，即令对象是夷人。

马木呷的哥哥，尸身挺在一张临时扎成的躺椅上。他享着许多生前未曾享过的福。脚上穿了一双草鞋（夷人平时总是赤脚，不穿任何鞋袜），身上穿上一套衣裤，下面裤脚系着，头上蓝布扎头，左额上还伸去一只角来。生平未曾躺过床，坐过椅的这位老酋长，现在仰卧在一只用木棍扎成的大躺椅上，上身略为向上支起。悬在头上，另有一袋"炒面"，可惜他再也没有福气来受用。头部左角，躺椅上放着一个葫芦，里面是一根羊骨。等到日子看好，这一副皮骨，便将付之一炬。

孝子是一位小女孩。她身上穿着一身夺目的红衣，头上用白布包头，底下还是一双赤脚，夷人对丧事，看得最重。一位黑夷死去，近边的亲戚朋友知道了，没有不来吊丧的。吊丧的礼节，也和汉人一般，需要举哀，举哀的方法，由一位妇人作领袖，大家齐声痛哭，一面拍手以作节奏，一方哭，一面口中 Ada.Ada 地喊（Ada 是夷语"爸爸"的意思）。起初我们误认为叫喊庆贺的，实在便是这种举哀的声音。初死的一天，亲属歇一会儿就举哀，一直要弄到夜间两点钟，方归静寂，第二天清晨三时，又哭起来了。

夷人对于我们好奇心真大。我们一进灵堂，连妇女们举哀的声音，都停止了。他们也一齐挤过来看我们。结果弄得很窘，行礼以后，赶快就退出去。拥我们而入的黑夷。此时加倍高兴。将我们蜂拥而出，挤得连气都吐不出，一拥就将屋前平地走完，到达一片陡坡边缘，险些没有掉下去。幸亏主人解围，打开一条血路，才把我们救出。

主人忙于丧事，晚餐以后，留下他的一位兄弟，和几位其他黑夷，陪我们在一间侧屋里，围着火炕坐下。一天辛苦的行程，半夜紧张的生活，已令我们疲倦不堪，恨不得倒下就睡。黑夷们却不饶我。怀着一种好奇的心理，他们每个人都目灼灼的瞪着我们，我们只好勉强撑起坐着，不敢躺下。我们夷话不高明，他们汉话又不好。彼此相对，睁着眼睛对望。他们一会儿又到我们身上，满身的摸，摸到什么都要看，如此弄得更窘。好容易坐到半夜两点钟，这群好奇的夷人，方才散了。我们身上的东西，未曾被偷，也未被劫，心方始下来。此夜我们没有铺盖，火炕里面的火又灭了，冻了一夜，始终未能入眠。

（十五）汉人的悲哀

到了乌坡，汉人的势力，已经完全达不到。乌坡乌达，一位显然慈祥的老头子，是这家的主人翁。他用的一位烧饭汉人，是汉人张大嫂。在夷人家中，管"锅庄"（支锅的三块石头，称为"锅庄"）是娃子当中最高的职务；但是一看这位大嫂，就明白她内心所蕴藏的悲哀。一宿以后，第二天早餐的时候，这位衣服褴褛不堪，但是仍作汉装的老妇，假乞针为理由，向我们攀谈起来，不久便诉说她那伤心的故事。她说："我的家就住在离大兴场不远的沙坝。我的表哥张开延，现在还在大兴场。三年前的某一天，当我的儿子正在大兴场赶街的时候，蛮子突然到我们村子来，和我的两个女儿，一齐拉走。女儿卖到一处，我又卖到另一处。辗转以二两银子的身价，卖到这里来。现在我看不到我的哥哥，看不到我的兄弟，看不到我的儿子，看不到我的女儿。今天我看见你们，就仿佛看见亲哥哥一样。"说到这里，她的脸上，已经流下两行泪来；她的声音，已经变为抽咽，接着她又说："上次张秘书来，也在这里住了一晚，回来过此，又住了一夜。但是你们来，你们去。你们走过去，永远就不会再回来，谁还记得我。我住在夷区，实在痛苦。年纪老了，也做不动，我实在不愿死在这里。请你们这些老爷们，务必做件好事。出去以后，想法子告诉我的表哥张开延，住在大兴场的张开延，叫他拿银子来赎我。二两银子，只需二两银子，便可将我赎出。此事千万要紧。"看来这位汉人哭到不能成声，乌坡乌达连忙对我们说："她是我用二两银子买来，并不是抢来的。"这事张氏到也承认，她说："不错，是色坡（夷语贵族的意思）用银子买来的。"这样慢慢地收住眼泪，她又默然地拿柴来烧。这种爱莫能助的事，我们在乌坡是第一次碰到。后来更向前进，才知道此类伤心的故事真是太多了。

（十六）黄茅埂

经过无数的波折，我们终于来到大凉山的顶上。从磨石家动身，爬向山顶，最初一段，沿途碰到的夷人，厉声相向，都问我们是不是贩鸦片的商人，是那家保的。要不是有磨石铁哈一路同行，那段路的确太可怕。将近山顶的一段，情形却完全不同。在那里仿佛一切都是恬静的，和善的。在太阳落水的时候，我们来到了山顶黄茅埂地方，夕阳吻在山顶大地上。夕阳也吻在洁白的羊群，将他们镀上一层黄金色，我们一群人，就在此等羊群中停下，在磨石家羊圈的一座木棚里过夜，一到秋季，此处寒冷不堪。所以在这片山顶草原上，并无永久性的建筑，夏季牧羊人临时搭就的住所，也是简陋窄小不堪的人字形木棚。这种木棚，甚至并没有正式的墙，就拿一些松毛勉强扎起来对付。我们那夜所住的，正是这种简陋的棚子。

太阳一下去，天气就开始大冷起来。人不敢离开火，大家都煨在火坑旁边坐下。火上悬着一只小铁锅，里面燉着牧羊人所喝的酸菜汤，两位在此替夷人砍柴的汉人，挤向我们旁边坐下。其中有一位姓王的，向我们说，他是雷波人，被掳来此当娃子，已经八年。中间逃过五六次，始终因为迷路绝粮，未能逃出，又复折回。他再三问我们，听说汉人要派兵来平凉山，还要修马路，不知到底有没有这件事。当我们告诉他，此话不确，他便怅惘了，沉默了。

选自《国立西南联合大学川康科学考察团展览会特刊》，一九四二年二月一日印

// 大小凉山见闻记

裘立群

　　翻开地图看一看，西康省的区域，更在四川的西部。山脉到此，转了一个大弯，中国的山脉都是由西而东的。然而在这一块土地，竟然完全向南直冲，形成横断山脉。地图上将西康省的土地划得那样大，比之东部的浙江省，大好几倍。事实上西康省只拥有靠近四川边境的三个区域，宁属、雅属及康属，在此中每一个区域中，都被外人称为神秘之地，尤以南属八县的大小凉山附近土著夷人（或称猓猓），一向是与汉人非常隔阂。自古几千年来，虽然相传有过不少有名人物，如司马相如，如诸葛武侯、石达开之流，都经过这区域的边地。但宁属以及大小凉山和外界的隔阂，始终没有能够打开。至今有人怀疑，宁属及大小凉山内，是否蛮夷之地。事实上我们这次的观察，不能否认，此区部分民族，还没有开化。

　　宁属多半地方，早已在开化中。只是大小凉山几百方里的土地，仍是一片荒地。大小凉山，为横断山脉的一部，由北而南。介于安宁河与岷江流域之间，以黄茅埂为最高峰，海拔约三千四百公尺。每年自五月至八月底，才稍微暖和，其他的岁月总是积雪的。所谓大小凉山，何以有大小两字之别，不能不在此加以说明。大小凉山，实不过为一种山脉的总称。在四川境内，由黄茅埂直冲下坡，至雷波、马边、峨边等县的山麓，这一带的凉山，名曰"小凉山"。在西康境内，由黄茅埂折向西，到昭觉县城——被称为大凉山。以西昌作起点，通过大小凉山的路线，计有两条。由西昌到昭觉一段两路相同，六天可达。沿路多系汉夷杂居，不过汉人非常少，一个村子或一个部落当中仅有汉人居民一家或两家，或者甚至没有，他们自己的处境尚需请求当地夷人作保护。到了昭觉县城，汉夷双方的势力，以此为界。汉人的势力是不能达到更东的地方。假使再向东行，却是深入大小凉山。一般夷人，都是非常不愿意汉人入内旅行或考察的。到了昭觉城以后，一条路沿西溪河向北行；大部分的路线，不离西溪河，直奔四川省的峨边县。峨边附近，有一片数百方里的处女林，名叫万石坪。从前四川有一名谚语，所谓：打开万石坪，世上无穷人。这一句富于有刺激性的谚语，乃是鼓励青年去从事于边区的开发。另一条路，比较安全些。该路翻过黄茅埂的山顶，可以看到川康二省南部交寄界的各高峰，我们这次采取后者一条路，以四川雷波县为最后目的地。

夷人的服装，完全和汉人不同。男子年青的，大部分在头上包了很多的黑布，高高耸起，竟和印度人一样。身上穿的是短衫长裤。上身的短衫，和汉人的短衫相似。裤脚管特别大，初看时竟是一条很大的裙子。脚上不穿袜子，也不穿鞋子。光了脚板，在茂山丛林中，始终以皮肉和地面相接触。同样的，女子也赤了脚走路，不以为怪，老年人头上包布的方式，和青年人有些不同，并不像青年人以布完全包在头顶上，而以布的一部分包成一个圆锤体，以尖端向外，矗立在头左额上，约有十二厘米高。他们将此种装束称为英雄结，因在年青的时候，曾做过一番轰轰烈烈的伟事，所以年老时才有这种光荣的表现的。小孩子的服装，当然不用说是以非常鲜艳的颜色制成衣服，或以好看的布条，滚在衣服的边上。他们头上也不包布，仅仅有八厘半长的头发，留在头顶的前部。到了十五六岁的时候，头上也不包布。不过年青人审美的心理，油然而生。所以在左耳上，挂了一串鲜艳颜色的腊珠，普通大约有两个厚半厘米，直径约一厘米，作扁圆形状，以羊毛拉成的线条，串挂在左耳上，当做装饰品。男子仅左耳上有这一串腊珠，女子则两面俱有。不过女子很少用这样的装饰；大多数系以银质铸成的各种别针项环，以及大串的耳环，挂在头部。头发也打成各式不同的辫子，盘绕在头顶上。在男女服装上，有共同相似的一点。无论贫富的男女，都有一件羊毛制成的披毡。贵族或许二三年换一件，贫苦的奴隶，则终身只有这一件。披毡长仅及膝，黑色的居多。白天以之为大衣或御寒的东西，而晚上则又用此为被服。夷人家中，没有床铺、被服等设备。晚上均倒地而卧，即以披毡包在身上算作被服。这样短的披毡，仅能将他们的头部遮盖。事实上他们所需要的，也就是这一点。无论男女，晚上休息，以头缩进在披毡里面，两只脚仅露在外，仍然做着甜蜜的梦。习惯成自然，这样的休息，倒也非常安适。

女子的服装，亦和汉人不同，她们常穿上引诱性极大的绣花大褂。贵州女子和平民女子，当然在服装上，有着很显著的不同，前者头上满戴着银器，以富丽的绸锻包头，有时身上穿了三件颜色不同的衣服，完全以三件袖口长短不同，表显出来里面的二件。以蓝布为底，各种鲜艳颜色的花边，滚在衣边上，滚有一起，总在五六道以上。穿在外面的一件，质料比较好些。满身绣花，各种颜色都有。最里一件袖子特长，第二件略短，最外的一件更短。如此可以将三件不同的袖口滚里，尽行显示出来。贫苦的人，就没有这样讲究的衣服，只不过一件蓝布大袄而已。衣服长可及膝，短的只一尺多。一般普通的夷女，完全不穿裤子，只有一条化了数年工夫自己织成的羊毛围裙，长可及地，以山羊毛黑白相间而织成。他们里面，手工业根本谈不上。所以织一条围裙，至少费三年以上的工夫。

以布包头为夷人习惯之一。他们所以包布的原因，不是没有出典的。传说以布包头，其由来抵抗附近山地的瘴气。这种传说，与事实并不符合。因为我们一队人，通过这个区域，时间费了很多天，并没有因不包布而中瘴气。所谓瘴气，仅不过是一种蚊子传染的疟病，本地人不了解这一点，也没有御蚊的设备，所以疟病越来越利害，以至造成不可收拾还多误为瘴气中毒。不过包布的习惯，不但夷人如此。附近山地的汉人，亦喜欢这么一套。一条终年不洗上了油腻的黑布（多喜欢用黑布，不过白布的亦有），不但妨碍卫生，而且有碍美观，这样决不能抵抗瘴气的侵入。有些夷妇，她们竟用了二十四米长的黑布包头。我亲眼看见她从开始包起，一叠叠地由小而大，围成一个饼形，自始致终，竟费了三十四分钟。而且头上满戴银器，每天早晨，烦复的装饰，确是一件时间上不太经济的事情。好在贵族夷妇，终年没有事情。每天除了花费时间装饰而外，整天他不是出去有亲戚，就是东跑西走，消磨岁月。女子的服装既然如此的华丽，有时可以消耗白银百两，仅成一套。有时竟可以倾家所有，完成身上的装饰。不过常常令人不满意的一点，是他们中间，无论男女花幼，都是整年地不洗脸，也不洗澡，结果脸上脏得令人作呕。从身上时时发出的汗臭，闻之终觉不适。他们整年地在"四不"中过生活。虽然衣服的外表够得上美丽，在别人看来，终觉得不惯。同时因为大小凉山没有棉花，一切的棉织物，均须仰求于附近各县汉家商人的供给。所以他们不得不在这方面打算，以一件终身不换的破烂衣服，希望能发挥最大的效用。因此对脏了的衣服，不敢时常地洗涤，以免洗坏。

　　有人说夷人吃的东西自己出产的只有四种，这说完全不错，田野间长着有洋芋。当我们走过的时候，青年的男子正忙于耕种。所用的是一个非常简单的工具，以牛颈拖犁预备布种。夷家四大粮食的第二种为荞麦。夷家的食粮除了荞麦、洋芋以外,尚有燕麦及包谷(玉蜀黍)。四种当中最主要的是荞麦。夷人进餐每天两顿。大约早晨十时和下午四时,他们没有钟表。所以计算时间,都以太阳的偏斜为准。一早起来(五时半)就煮洋芋吃,这一顿并未计算在正式的进餐中,不过随意吃吃而已。吃洋芋时,每次煮一大锅,大约可供二十人以上的食料。该时邻居或不认识的人,只要自己高兴,都可以随意进来吃洋芋。夷人有种习惯,无论到何处投宿或进餐,当地夷家的首领,均有供给的义务。所以在数百里的夷区中,竟没有找到一个乞丐,这也可以说达到了有福同享的境地。这顿洋芋吃完以后,夷人就开始工作。大多数由女子服役的多,他们的工作是到田中种荞麦,或赶群牛羊到山野间去放野。两个钟头以后,又回来,进午餐和晚餐是他们最高兴的时候。当时吃的东西,比较丰富。以荞麦或包谷磨成的粉子做成厚约二厘米半,直径约十二厘米大的饼子,放在铁锅中烧煮,或者在铁锅中放些从山野开采来的苦菜(大宗采来,沥干后贮藏起来),这样可以略增加一些味道。夷区内没有食盐。偶然吃到苦菜的苦味,也是无上的妙品。我们这次经过夷区,承当地村落的黑夷,热诚地招待,每夜杀鸡,杀猪为极普通的事。杀猪和汉人所用方法不同,所用的是一种野蛮的手段,以铁锤活活地将猪锤死。锤死后,将猪整个的放在堆满燃烧的干草中,将猪毛烧去。这样不时掀动,在干草中烧一刻钟以后,猪皮略有点起焦,然后以刀在烧猪皮上,轻轻地将未烧尽的或烧焦的猪毛刮去。并不用冷水洗刷，立即将猪剖开。也不洗肚子内的五脏即将其切成拳头大小的块子，放在铁锅中，煮上半小时。在煮熟以前，倾以冷水一桶之后就拿手持之而大嚼。这是一个宴客的盛菜。配以燕麦粉制成冷饼，招待远客贵宾。当宴会开始时，凡和出席招待的人有关系的人，均纷纷来参加。燕麦的吃法，和荞麦的吃法略有不同。自麦干杆上取下后，即炒熟磨成粉子。吃时临时和以冷水，持之大吃。他们将此物叫作糌粑。以荞麦制成的食物他们叫做荞粑。这样的一顿宴会，可以消耗许多费用。杀一只牛或一只猪的代价已相当的可观，而自远近各地赶来的戚友，真是车水马龙热闹非凡。整百人的共餐，消耗当不在少。进餐时都是席地而坐，地面上也不放任何的隔离物。随意地坐下，五六个或六七个人，围成一群，以手抓取要吃的东西，狼吞虎咽。他们彼此间没有一点礼貌，也没有客气的成分存在。不过年青的对年长者，仍是非常尊敬。招待中以杀四只脚的动物为贵，最普通的亦得杀鸡招待。不过鸡是两足动物，以宴贵宾已是非常的不客气了，就中以猪、羊、牛为贵。这次在夷区中，到处的承夷人杀牛杀猪招待。感到非常的幸运。

住的方面，亦和汉人有极大的不同点。夷人智识程度太落后，所以根本谈不上建筑。因陋就简，只要能够避开风雨的袭击，就是他们建造房屋的目的。夷中以贵族住的房屋，略较考究。贫人住的房子根本算不上是一间房。头家的房子，都在山腰间。因为秦极怕热，所以他们住的地方，高度总在二千公尺以上。每一个村落人至多只有十余间房子，亦不集中在一起而系散居各处。木头架一架子以附近的黄土，糊成泥墙，就算作一间房子了。贵族家房子的几根木头上，有时，有几根刻上花纹，以为装饰。房子的屋顶，更为奇特。夷区中没有砖瓦，所以屋顶以木板代瓦，木板再压上整块的石头以防木板被风吹去。板与板之间。离开很大，太阳可以射入，风也可以不断地吹进。假使外面下雨，室内也下同样大小的雨，房子里面，根本没有似汉家所用的家具。一幢房子，里面按其功用分成三间，以竹篱作形式上的分隔。中间的一部，比其他二部大。在这部分放了一只直径三尺大小的铁锅，以三块刻有花纹的石块支住。荧荧之火，不断地在炉边冒了出来。这块地方，乃是夷家最神圣最重要的一处。凡夷人请客，谈话，讨论，交涉，求神，都以炉的四周为中心点。自己进餐或空闲时，亦都围坐在这处。

我们每到一处总在下午或黄昏。自黄昏以至黑夜，为夷人最痛苦的时候。他们没有任何的油类，可以点灯。对于提炼植物油一事，根本没有这种习惯。杀牛杀猪来招待我们即以炉的四围为屠场，借此利用炉底下荧荧之火的光亮，进行工作。房屋左边的一部，为牲口休息之所，该处亦即大门所在。普通一个人进去，总免不了低头而行。门口最高不超过一公尺半；以未经制造过的粗木，钉成门板及架子。屋内也没有窗子，白天屋内的光线，仅赖门的一部光线射入。所以在白天里，屋内仍是黯淡无光。门口附近牲口居住的上面，架成一阁楼，仅以山野间所产罗汉竹编成楼板，放在木架上，成为一种非常简陋的阁楼。上面再铺以燕麦干草。往来客人，休息在这上面。在此处底下，即为牛羊休息处，尿粪的臭气向上直冲，实在有些忍耐不住。整个房屋的右部，即为上房，以竹篱隔成狭长的一块，和汉人居住的上房，有着相同的庄严。家族中所有的女眷，均住在这里。这一部决不让一个陌生的男子，随意在里面走动。女眷的寝室，也是非常的简陋，在地上随便的放些干草，已经认为是非常舒适了。在我们看来，这真是和牛羊的生活无异。天一暗立即就寝，未亮已起身，每天休息的时间，至少在十小时以上。黑夷休息的时间太多，且每天无定的工作，因而养成懒惰的习惯。然而他们之间，也有工作者的一群，称为"娃子"（奴隶的意思），不工作的一群，自称为黑夷。黑夷庄重自持，个个喜欢吃酒，且每饮必醉，醉后就要叫嚣狂浪，无礼法以自持。他们的性质愚厚，自尊心极大。除自己一族人外，任何民族都不在他们眼里。贪心和疑心——为他们特有的性格。他们极喜欢汉人的任何物品，但不知道仿造，喜欢汉人的多能，而不知道学习。因此时常所掳抢汉人去替他们作奴隶，黑夷的女子，极为尊贵，为一家的中心。凡是家政上的一切事务，都要取决于女子。凡是两族相争，发生战争，黑夷女子，可以出面调停战争，双方当时就得停止争执，听候解决。不幸双方复起争执，则出面调停的贵族夷女，可以羞至自杀。这样尊重女权的习俗，仿佛有点西洋人的风味，倒是很有趣味。

选自《国立西南联合大学川康科学考察团展览会特刊》，一九四二年二月一日印

// 十二点四十三分

李士谔

　　十一人在凉山里走了十多天。因为携带的盐布太少不能一齐继续前进，于是九个人踏着原来的路线，从竹黑转回西昌，早晨八点由四块坝的黑夷马金田家出发。是一个温暖的天气，没有风也没有赤热的太阳。

　　"喂，这里不是七里坝吗？看样子今天得走夜路了，让我们拿出毛衣和手电筒来吧！"

　　这时天已暮黑，我们经过一个广大的草原，看不见成群的牛羊，却只是一些深深的蹄印。这里没有人家，看不见一缕缕青烟从茅草的屋顶卷入半空，印着西方的红霞，红成奇丽的黄昏晚景。谁处的牧羊人远远送来一阵牛角声，是它唤起了我们的雄心，勇敢在我们的胸膛，微笑在我们的嘴边，拿好了毛衣和电筒，九个人八个背夫，整齐了步伐开始与黑暗和凄凉斗争。

　　"几点钟了？"

"刚好八点。"

"还有多远？"

"大约二十多里。"

"怎么办呢？简直看不见走了，把你的手电筒给我。"老柯和我讨电筒。

今天是阴历二十二日，暗淡的天空里，点缀了几颗小星，但是没有月亮，眼前的景物，只是一片黑耸的高山和灰白色的路引，再有的便是饥饿与寒冷，静寂与凄凉只有在这时体会得最深。我们的队伍走得很紧，一个接着一个。在蛮荒不毛的境域中旅行，确是一桩极麻烦，极冒险，同时又是极有趣味的事。要不是倮族和无数宝藏的值得研究和考察，谁会对这数千年来，无人问津的大凉山发生兴趣？谁会冒着极大的危险去旅行去考察？正因为好奇心的趋使，我们才毅然来呼吸些新鲜空气，这里是纯倮族的所在地。他们的生活极简单，和现代的文明比较起来，相差了至少两千年。这里不用法币，没有一家汉人，没有店子，旅行时必需自备盐布和他们换取食物和宿处。我们的行李是由黑夷派他们的娃子按站背送。这情景恰和非洲的探险队一样。今天的八个背夫便是四块坝黑夷马金田的娃子，他们的工资已经付清了，每人一斤半盐巴，一直送到玄参坝。因为夷人多狡诈而凶悍，如何使他们在这黑夜中顺利前进，确是当前最重要最辣手的问题。先锋的两个同学已经远走了，剩下我们七个人和八个背夫。

"喂！电筒！"是一个不耐烦的大声叫喊。

"看不见啰，亮！"背夫们也叫起来了。夷话我们虽然听不懂，但许多夷人却能说得很好的汉话。同时还有一个同路的邮差，作我们的翻译。这时最需要的，不是糌粑或苦荞饼，而是手电筒，可是在仅有的两只电筒里，一只已经没有了电，只能发出红色的余光。

"走不动啰，看不见！"背夫们又在咆哮，接着是一个沉重地跌倒在地上的声音。

"当心不要摔跤了……"老周的话还没有说完已经跌倒在地，于是引起一阵笑声。

"哟！我的脚！"不知是谁的脚背触了石头发出一声惨叫，老周得意地笑了，似乎很胜利。

"路太滑，像是刚下过雨，两旁尽是石头，一点看不见。偏偏又是赤脚草鞋，真倒毒！"刚才跌倒的在抱怨，同学们个个都为这崎岖的山路伤叹，只有背夫们仍然和白天一样地快步前行，虽然他们还背了四五十斤的行李。

"邮差，路对不对？不要走错了。"我很着急问前面同行的邮差。一切在黑暗中，我们已全不识路，连方向也认不出来了。幸亏这邮差，白天识破了背夫们中途捣鬼的阴谋，现在又作了我们的指南针，他是我们的耳目，但我们的命运也在他的掌握中，邮差没有答话，突然又响起了一个问话。

"邮差，这里可有野兽？"

"不会的，人多不要紧。"这回我听清了，语气很镇静。的确，大山里难免没有野兽，尤其在这凄冷的黑夜里。但我们身上未带任何武器，甚至一把小刀，这点使我们担忧更加害怕。

"前面的不要走得太快，等一等！"一个洪大的声音里充满了急促和焦虑。"喝，我的脚！"又是一个脚背触了石头发出的惨叫。

"当心，这里过沟，Esaesabo（夷话，慢慢走的意思）。"拿电筒的老钟高举起电筒大声嚷叫。一个个从冰冷的水沟里踏过去，满脚尽是泥。"呀！这水多刺骨，是刚从山顶溶化的雪水吗？好家伙。"

"迓！迓！迓！"（夷话走的意思）

"走！走！"前面突然一阵闹声，背夫们全倒在地上，大家哄他们走。

"脚干痛走不动啰，就在这儿睡。"他们一齐说，立刻睡在地上，披起他们的"玷耳挖"。夷人的生活就是这样，没有被盖也没有床，每个人一条黑色的羊皮毡（俗称"玷耳挖"），无论是高山还是平地，白天或深夜，倒在地上便是他们的安息所，不怕露水不怕野兽，然而我们呢？不能睡在潮湿的草地上，像他们一样。而且八个凶悍的家伙容易杀了我们抢走行李，多危险啊，决不能让他们停下来。

"迓！迓！就快到了，走拢了好吃饭。"饭的诱惑力虽然大，但并不能打动他们的心。

"好，装袋烟就走！"好几分钟后一个似乎领袖的背夫说了一句，黑暗中闪亮了几点红火，响起一阵清脆的石子声，原来他们是用打火石。背夫中途逃走的惨剧，我们已经领略过，只好忍耐着等他们慢慢的抽好烟，一场风波始告平静。

"几点钟了！"

"十点欠几分。"

"还有多远？"

"大约十多里。"

"糟糕！不知几时才能到，肚子真饿，今天只吃了一点洋芋和糌粑。"

"不要紧，玄参坝有两家汉人，老马他们已经预备好了饭，还说有两只鸡。"黑暗中听得出是老陈和老康两个人在谈话。老周听说有鸡，急忙大声嚷道跑在前面去。

"走快点，拢了好吃饭，还有两只鸡呀！"

在夷区里走了十多天，除了洋芋、糌粑和苦荞饼外，偶尔也得吃点糙米饭、烤猪和羊肉，那不过是主人的厚赐，晚上与牛马鸡犬睡在一起，尝够了腥臭与龌龊，遇着下雨时还得坐以待旦，白天翻山越岭，辛劳疲惫，夜里得不到好的休息，好的饮食，每个人的眼上泛起了两个黑圈，一天一天深下去，颧骨渐渐地也突起来。别人的面孔，作了自己的镜子，眼看一个个消瘦下来了。

"对啦对啦。一点不错。老钟，我不是叫你在这里等挑夫吗？……过去就是燕麦地，离玄参坝只有七里路了。"尖锐的噪子打断了我的沉思。充满着希望和热诚走了一些时候。失望了，这里并不是燕麦地，看不见那个奇妙的山垭口。忽然"啪"地一声，又是那个六十岁的老头儿倒在地上了。

"当心，我照着你走，不要慌，慢慢地。"老头子爬了起来，接连又是几个偏偏，但永远听不见他一声怨言，一步一步往前走了。

"柯化龙。"几个人大声叫喊，发现一个同学不见了。

"真糟糕，多危险的地方？"仍然没有回声。

"不管他的，让他丢掉好了。"老黎的口气里带着几分亲密。

"老陈，路对了，这里下山，看我的电筒光亮处过沟。"是老柯的声音，原来他在前面嘶喊，像发现了什么宝藏。这里是一条深沟。溶化的雪水从山顶流下。潺潺的水声，冲破了四周的静寂。可惜黑夜里看不见一条条雪白的流水，像许多银链子挂在苍碧的半空中。山沟很深，我们必需下山过了沟，再爬上去。远远地在我们底下闪耀着隐约的红光。

"我们从这里下去，老李你去照顾那老头子。"老钟把电筒给了我。

"哎哟！"是一个沉重地跌倒在地上的声音。

"哪个？"

"我，康晋侯。"老康长伸伸地睡在地上半天才回答我，下山路更难走，全是石块。只好慢慢的爬下去。

"这里过沟，当心！"老柯照着电筒声音紧张而急促。"上去就是大路，不远了。"

大家怀着希望与热诚很快地上了山。

"几点钟了？"

"呀，十一点过了。"

"还有多少远？"

"依曾先生的记录，这里还有七里半，腰酸极了坐一会儿吧。"

"……"突然左边山坡上有咳嗽声，重重地打每个人的心坎上，充满了恐怖和紧张，剧烈的跳动起来，大家立刻停步，捏了一把冷汗，一致向左边深望，然而一片漆黑。冷风从山腰掠过，丛生的野草，发出簌簌的抖声。半山上似乎闪着几点暗淡的火花，但却没有动静，忽然背夫们高声说话，山坡上也有了回声，两边对答，我们全然听不懂。

"不怕，不怕。"背夫安慰我们说。紧张的空气虽然和平了，而我的心房仍忐忑不安，轻声问我前面的老黎说："怎么回事？"

"背夫说是两个夷人回不去，在这儿打野。"老黎的声音不大圆熟，深深地松了一口气："唉，真危险。"

接着我们的希望也来了。汪汪的狗吠声，一阵阵从遥远的山谷里传过来，兴奋与热情，活泼了每个人的心，忘却刚才所受的虚惊。从这声音可以估计出我们离玄参坝的距离。

"不远了，对着狗吠的方向走吧，一定不会错！"一向以紧张著名的团副老陈，拖着尖锐的噪子紧张地叫了起来：

"嘿！啰！啊！"学着《万世师表》中 Chips 先生的调子。但是没有回声。四周依然漆黑，前面几只萤火虫，闪动着碧绿的燐光，像是人家的灯火。

"看，流星！月亮就要从后面山顶出来了。"沉静了半天的老周也活泼起来拍我的肩膀大叫。

"唔！""糟糕，我的草鞋丢了一只，只好赤足了。"老钟自言自语说。

"迓！迓！迓！走走！"

"迓！迓！"背夫们又倒在地上披起"砧耳挖"不走了。这回情形更严重，无论怎样强迫和诱惑，仍然一声不响，有几个甚至睡在地上头钻进"砧耳挖"里，紧紧缩住一团。

"怎么办？"

"不行，非走不可。"还是老钟聪明，把手电筒按燃对准似乎领袖的背夫，使他睁不开眼睛，这样才把他们哄走了。

狗吠声愈来愈近。

"好了好了，快到了，后面走快点！"这回是真到了。玄参坝两个熟悉的山峰，又出现在我眼前，一些不差团副的声音拖得更长更有力量。远远听见老马的回声了。多亲切的声音！于是大叫起来，像小孩回到母亲怀里似的热狂，高兴得快要落泪了。

"哎呀！这回可真到了，下次再也不走夜路啰。"老周虽然在叹气，却压不住心里的快乐和热血的沸腾。

"呀，你们真到了，我和小戴简直睡不着，忽然听见一阵狗叫，出来看时又没有动静，想不到你们这时才到来……"老马的话还没有说完，我忍不住打断了他的话问他。

"饭有没有？"

"饭有，只是没有菜，因为我怕你们中途住下来。临时烧也来得及。"

"有鸡没有？"

"没有。这里什么都没有，老板去西昌七八天了，今天才从大兴场回来。现在可以赶快叫他烧……"没有鸡，像一盆冷水浇在我的背上。

"本来我和小戴想回来叫你们转住倮倮沟的，后来见天色已晚，只好作罢。我们从七里坝一直跑到这里，草鞋全都坏了，小戴赤足跑了二十里，真惨！"老马接着刚才的话说。

"照理，我们应该在倮倮沟住下来，因为到那里时已经是下午四点半了。而且距这里还有四十七里。可是大家都是，那么齐心，终于达到我们的目的地了。"团副趁此机会大发言论。

"饭是现成的，冷饭也来他两碗吧！"老康拿碗盛饭蹲在灶脚底下，接着灶头上，拥起一大堆人。米汤也给盛光了，背夫们秩序很好，八个人坐在行李上不声不响。

"我们汉家好不好？"

"好啰嘛！"吃了一点剩饭，洋芋还没有煮好，他们已不见人影。悄悄地走了，冷风把门吹得呀呀作响，外面一片漆黑。

"几点钟了？"

"十二点四十三分。"

一九四一年十一月二十八日于联大

选自《国立西南联合大学川康科学考察团展览会特刊》，一九四二年二月一日印

// 越巂保安间的五十四里

周光地

越巂城里的摆布，和那城外破烂的样子，截然不同。东南西北四条三合土的宽敞大街，各有百多家门户。每条街又被临时铺设的小摊、百货摊、面摊，一列列地分成三条，挤来穿去的人群，显出这建雅道上一等大站的资格。我们走过街心时，也不会使人诧异，因为人们都无暇顾盼，也因为今天街上的新客太多。两团多过路的军队，分散在市街每一角落，弄得小商们都有忙不过来的神气。我们得着县长的照应，才能在县府对面的茶馆里过夜。为着以后三四天途中住宿的方便，还请县长写一封嘱咐沿途联保主任照应的信。

依本地人讲，今天到保安去，是七八十里地，而且路道难走，还要经过些著名出抢案的地方。所以我们不敢动身太晚。吃些油茶、包谷耙、汤圆以后便出发了。出北门是一段几里长的平原。右边远远的是一条河；左边荒山的后面，还有狰狞的山岭。走完平原，就绕着一个小山坡，上天鹅坝。天鹅坝距县城八里。坝上只有二十家人。这里有一种关于天鹅坝的传说：说常有三只天鹅来此，本地人便据此鸟的行止，以定一年的丰欠。

翻过天鹅坝的山顶，就看见"大屯"。所谓屯，乃是从前屯兵防夷的遗迹。建雅大道，穿插于崇山峻岭之间，多皆在未经征服的夷人势力范围之内。政府对他们，向来没有彻底清剿过。国家所要求的，不过是维持一条交通线而已。驻兵的据点，现在还叫做屯、营、关、卡、哨；例如登相营、大屯、小哨、小卡、青枫关等。大屯距天鹅坝五里，约有人家五十户。其地处在一个浅盆地里。从此上王家屯去，只有四里路。沿途看见很多以篮携鸡、猪头、香、钱纸的人。听说今天是地藏王菩萨的生日，他们将到几里外的一个新庙去敬拜。

王家屯相当热闹，因为他附近的田地很肥腴。场上有二百户，房屋也还整齐，还有小学堂和青年团团部。每逢旧历一四七，此处赶场，所以今天该是热闹的一天。只是时间尚嫌太早。我乘他们休息时，去吃一些燕麦糊和豆汤饭，我看那老板娘颇凶恶，也许是因为地近夷人的缘故。

出王家屯也是一段石子路，两旁种的都是包谷，十里路外的青枫关山坡，很远就能看见。其他山坡，好像都很荒凉。左边的荒山后面，还有黑郁郁的，成棱角状的高峰，最高峰直插进了云层上去，听说这是大雪山之一脉，似乎无人上去过。此山之后，属冕宁县。山脉上一条条的裂痕，那是雨后瀑布飞奔的路线。几座较低的山堡，摆布得颇险要。有的顶上建一庙宇，庙旁紧立着一幢碉堡，难道菩萨也要刀枪护卫吗！走到大镇，发现一条大河，从大镇去不过一里路，河水很清，上面架的桥叫做锁夷桥，长百十一单步，用七根平行的铁条承住。据碑文记载，这桥是同治八年，军队进剿夷乱时，用兵工所建。民国十几年时，曾经修补过，现已不甚坚固。大镇上坐立的夷人已不少，过桥后更是夷地风光。到俵俵河镇，见有所谓拖梯夷务处的分办公处。看这情况，这一段地方，夷人势力还很大。

　　用劲登上青枫关的陡坡，大伙都已经饥饿不堪。可是因为这里的竹杠太厉害，而且只有几里路就到山顶了，所以我们简直就打算上顶去吃。我和戴李二君前行备饭。这几里路，在乱山丛中，弯曲陡升。走过一段以后，我们觉得有点寒心，便找一处宽敞点的地形，分散坐下，以待后面的人。望见有军队下山来，我们才赶忙乘机一气往上冲，二十多分钟冲上关顶，人已经精疲力竭了。顶上才二十家破烂的饭铺，只有红豆可以当菜吃。马马虎虎加上自己带来的西昌豆瓣，这一餐实在太不好。所幸还有些藕粉可吃。我从王家屯带上来的几个梨，效用因此大增。行李驮子跟上来的时候，我们急忙又走，因为前面便是有名的离姬站和连三湾了。

　　平常行人到了离姬站，总要憩下来等着一大批人一起，才敢前进到连三湾去。离姬站的门口，悬起一面很大的金黄色绸旗，绣着"阿毋子鸡"几个字。连三湾这一段地带，是这位"阿毋子鸡"家黑夷的势力。他家三兄弟，时常率领娃子出来抢劫。现在政府封他家的小兄弟为大队长，叫他保护这段山路。如果有抢劫的事发生，都全由他负责。这样一来，捉鬼放鬼，都是他的事。在他怕政府时，倒很能保平安。可是前几天的黄昏，仍然不平安。也许他派出去的夷人哨兵，就可以作点占便宜的事，我们九人到此，已经算是大批，所以便慢步出场，向连三湾去。

九个人走得很紧，一个接上一个，走不上一里，大湾小坡，就接连地陈列出来。我们以为那几个开辟在土槽子里面的路，便是险要地带，提心吊胆地走过一长段。一个背小包的邮差迎面走来。从他口里，我们才知道连三湾还有前面。又从一个阴低的悬岩下走过，转弯到山背后，才看见大好的抢人地形。我们处在几个高山紧围住的盆底下里，山的上半部都是秃光的，下半部却是茂密的丛林和与人等高的藤叶乱草。路的两旁，全是黑森森的。还算好，我们所见的，不过是静静的自然，潺潺的细流，濛濛的周围，和前无来者后无继者的空路。我们用不缓不急的步度前行，细声讨论着地形，唯恐赶散了沉寂。跨过小溪，迎面立起一条急陡的上坡路，一直爬上光山顶去，望去颇显明；可是走在半山上，若回头一盼，紧逼在后背的，就是一个黑丛林，里面可以藏人不少。我想这盆底也许是第二湾，所谓三湾，就是上下三个深凹地。刚才那个悬岩，应该算第一湾。上了山顶，四顾皆枯黄草山，有凉山景色。看这顶上弯弯曲曲四通八达的小道还不少。可见这地方算是个要冲。让拖在后面几丈远拍照的陈君赶上来，才又下前面一个长坡去，路很阴湿，泥泞未干，水流在路上淌着，颇有寒气。快下完坡的时候，对面来了几个夷人和一位衣服整齐的汉妇。我唯恐这中间有故事。我注意那妇人的表情，但也看不出冤屈和求援的表示，我们静静地错过去。坡下边有些牛在吃草饮水，有的在乱草中追跑，也许我们吓着他们了。这群牛并没有看管的人。也许牧人在看不见的阴深地方打盹，也许他们打量牛羊们再也跑不出这道山窝，他们不宁愿在这寂寞的地方坐着看着，便让牛羊自然生在这监禁的水草中。接着再上一个高坡，上顶去转几个弯，就看见保安。

保安位在山岗上，是建雅大道上最小的一站。四山索然，场子破烂贫穷，连赶场的权利都没有，大概是因为人少地荒的原故。一位小孩告诉我们说，他们吃的，是荞耙和玉蜀黍。稍为出产一点小麦，作为上等食品。招待旅客的米，多是从外地运来的，他说汉人只有这半边山。对山与这山的背面，都是夷人。他又说，这里的一连驻军很好。保长也好，因为抽壮丁很公平。

到保安时候还早，我们先找联保主任要住的地方，他欢迎我们住小学兼联保办公处的楼上，另外招待便饭。他说这几天开过的××师军队中，以今日的一团秩序为最好。此次为过境军队筹粮万五千斤，每兵日领约一斤。又说越巂县地区狭长，最宽不及十里，保安横宽只能管一里。如连三湾等地，简直连交通线也难保得住了。

选自《国立西南联合大学川康科学考察团展览会特刊》，一九四二年二月一日印

// 西昌城市速写之一

马杏垣

（一）"毕了"

到西昌的前一天落了整夜雨，第二天满地泥泞，同伴把一只草鞋陷到泥里了。顺着马鞍山的大斜坡，一颠一颠地，弯着腰选择没有石子的软泥路踏过去，然而我们并没有觉得疲劳，因为前面是西昌，我们每天梦想着的都市，那一千个一万个大山后面的一块平地。

像一个长期航海的水手，怀着对于陆地的好奇与欢喜，我们驶进了这翠绿的坝子。走在田垄上呼吸着成熟的五谷的香气，柳荫抚摩着我们，兴奋的是今天看到了这样多的房子，眼睛望着飘渺的炊烟发呆，忘记了那许多天来窄狭拥挤阴森得可怕的峰，又重新唤起一个城市的感觉。

到城里的时候已经黄昏了，太阳从远远的白色雪峰上落下去。我们这些寂寞的旅人，像见到亲人似的，真想吻一吻每一张墙壁。然而西昌并不欢迎我们，因为当我们安置好行李想找一些东西吃的时候，大小饭馆的门上都挂起"毕了"的牌子。

"毕了"明日请早！

（二）夷区中的汉城

西昌是宁属八县的核心，枕着安宁河，夹在大凉山和旄牛山的中间。县城被两条小山水环绕着，顺着坝子北面的大北山的山坡铺下来，东西较长，南北较短，像一只簸箕似的。东南河靠着城的东南角流过去，西河则完全平行着西城，夏日水大时常常断绝了乡间与城市的交通，有时还会形成水灾。

街道两旁种着弯迴的垂柳，商店门面上，多数挂着剥了漆的扁额，显得古色古香的。酒肆的柜台前，往往蹲着一些进城赶街子的夷人，一个个都是虎背熊腰，魁梧，粗壮。喝得满面红光，不断的谈着，把小城抹上了边疆风味。

因为坝子南端有一个小湖，和这里的"四季如春"的天气，有人说西昌很像昆明，的确，西昌是美丽的，那清澄辽阔的邛海，而对着绿葱葱的泸山四面衬着银色的雪山，真使人坠入梦境。

（三）抗战给西昌带来的礼物

抗战给西昌带来了两条公路，一条把外面的东西带进来，一条又把这里的东西带出去。西昌是这两条路的中心点，也成了中国抗战中大后方的重要都市。

由于这许多新的事情新的东西填进来了，西昌的土著和四周的夷人，才晓得中国在和日本抗战，然而最惊人的还不是这个，却是最近的警报。大家讲着日本飞机在雅安丢下两只油箱，十个人抬都抬不动。这里警报一响大家都跑到远远的山上去。山里的夷人也最怕见飞机，每次中国飞机飞到他们的村子上头的时候，大人们都四奔而散，小孩子们都抱头大哭。

选自《国立西南联合大学川康科学考察团展览会特刊》，一九四二年二月一日印

// 宁属漫谈

康晋侯

由于偶然的机缘，我参加了曾昭抡先生领导的联大考察团。在短短的两个月假期中，作了一次半探险式的宁属旅行。提起宁属，我们立刻会想到绵亘无际的高山，古木参天的森林，强悍的夷人，凶猛的野兽；更和一些神话式的传说联系起来，使我们对她愈觉得异常神奇而茫然了。

的确，在几千年来，这块广大的土地是为人忽略和遗弃了的。她一直被视为"神秘之邦"，人们不知道，也不愿意知道她的真相。抗战以来，沿海沿江的膏腴省份沦入敌手。于是开发边区的声浪高唱入云。大人先生们的注意力，才开始转移到这块蛮荒的地方。各种考察团体相继来到了宁属。调查的报告，不断由专家们发表出来，因而这"神秘之邦"的真相也渐大白于世了。

我们十个年轻人，怀着满腔的热情和强烈的求知欲望，随了一位坚毅勇敢的老教授，带上简单的"仪器"——气压表和温度计——开始踏上了征途。

从金沙江河谷爬上一千公尺的峭壁，便到了我们怀念已久的宁属，无数的山，重重叠叠的，好像永远都爬不完。首先使我惊异的，是这些山上都有茂密的树林。以后沿安宁河北上，深入了宁属的腹地，始终不曾发现过较大的森林，即使在有名的大小凉山也是一样。后来在西昌读到官方的记载，才知道宁属各县在从前都有很多大的森林。由于历次征战和夷人的不知爱护，所有树木都被烧光或砍完了。到现在除了渺无人迹的深山里还保有一点残余的林地外，整个宁属可说是毫无森林可言了。在内地各省已无良好木材可资利用的今天，这块从未开发的边地早已成了濯濯童山，实在令人不胜惋惜。

不过，另一件使我觉得很有趣的是宁属气候的特殊。同一个季节中，在不同的地方有着不同的气候变化。譬如在南部的会理、宁南等地，一般人称之"炎热区"，在会理以南的新铺子，我们还吃到了当地出产的香蕉（土人称为芭蕉果）。金沙江边还出产少量的咖啡，这些咖啡的种子是外国传教士带来的，十天后到了西昌，立刻觉得和会理完全两样。这儿的气候和昆明差不多。一年中冬夏的差别很微。也有雨季和风季，时期和昆明大致相同，"四季无寒暑，一雨便成冬"的俗谚用在这儿也很适当。后来到昭觉时，不过才旧历七月初的天气，高度也仅二千公尺左右，但比西昌已冷得多了。由于气候的差异，在宁属分布着寒温热三带的植物，农作物和牲畜的滋长繁殖都极容易，再加上天赋的无数矿藏，使她很自然地成了中国西南部的"宝库"。要是"天府之国"四字被用来形容宁属，她实在可当之而无愧。

　　说到宁属的矿藏，的确有令人意想不到之丰富。根据常隆庆、雷孝实、胡博渊诸先生的几次调查报告，在南部的两盐、会宁一带，蕴藏着大量的金、银、铁、铜、锌、铅、钴、镍、盐及其他稀有金属。种类既多，藏量也至足惊人。昭觉附近的铜矿，在前清曾经一度开采。据昭觉县府一位李师爷告诉我，道嘉咸同年间，在昭觉县境开办的铜、银、金等矿，先后达二十几处之多。其中以铜矿最盛。现在他还可以一一举出那些矿厂的名字来。泸沽（在冕宁县，是西雅道上一个重矿，距西昌一百三十华里）和会理毛姑坝的铁矿，品质优良，适于炼钢。据专家估计泸沽的可能铁藏量达八百万吨，毛姑坝的磁铁矿亦有五百万吨之多。别处的铁矿还未计算在内。无疑的这是一个理想的重工业区。虽然煤的藏量并不太多，能够作炼焦用的烟煤尤其有限，但仅就益门（在会理县北五十华里）蕴藏着的八百万吨烟煤，加上云南永仁的丰富煤矿，已经够用相当的时候了。而且照李书田先生的意见，利用宁属几条主要河流，如安宁河、鸦砻江、金沙江等的水力发电，可以供给全宁属农、工、矿业的需要而有余。所以其他轻重工业的原动力供给，可说是绝对不成问题。

　　不过在现在交通运输困难的情形下，较大的机器既无法搬入，开采出来的矿石也很难大量运出。而国内又没有良好的冶金设备。采矿事业的发展，在今天还受着极大的限制。所以除了目前最迫切需要的矿产必须开采外，其余的不如让它埋藏在地下，等到适当的时候再来利用它。当前宁属经济建设的发展，似以先从轻工业着手为宜。举凡编织、制革、造纸、缫丝、陶瓷、白蜡、炼乳、罐头等等，需要的资本不多，原料的供给又极方便，运输及销售等问题也易于解决。正好由私人投资从事经营，政府则应从旁予以扶助和保护。轻工业之发展，对于国计民生裨益良多。企业家亦可因此获得其最大利润。利己利国，两得其便。现在国内大量游资没有一点正当用途，只是囤积居奇，抬高物价，影响抗建前途。何以不将这一批资金用来开发边疆，经营实业，供给国家需要？

　　由于广大平原的缺乏，宁属农业的发展似无多大希望。但园艺的经营，果树的培植，却是极可能的事。且据官方调查，宁属荒地面积达四万多方里，可容垦民二十余万人。倘由私人组织垦团开垦，必可获得较大的成就。与垦殖有关的是畜牧事业。宁属虽没有像康属（西康本部）那样纵横数百里的大草原，但坡度平缓的草山，周围三四华里的平原却随处皆是。宁属的夷人，除了种植荞子和燕麦外，饲养牲畜是他们主要的工作。在夷区里，到处可以看见成群的牛羊，散牧在绿草如茵的山坡上。几个牧羊夷女吹着竹制的口琴，态度怡然自得。所以我们只要肯着手经营，设法改良牲畜的品种，未尝不可以获得相当成效。而附带的毛织、制革、炼乳等工业，也可同时发展起来。

今天宁属经济建设的障碍，不在原料和专门技术人才的难得，也不在原动力的无法供给，而是交通困难，劳工缺乏等等。但主要的原因还是夷人问题的没有解决。宁属的夷人，在目前多少还是一种问题。就我们汉人的立场说，我们是老大哥，人数比他们多，文化程度比他们高，当然有保护和教化一个无知的小弟弟的责任（在夷人的传说里，汉人、西番和倮倮是属于同一个祖先的三兄弟，汉人是大哥，西番是二哥，倮倮是小弟弟。）我们应该用诚恳的态度和坦白的行为来消除他们敌视的心理。至少也该作到不让他们猜疑汉人。可是事实告诉我们，历代政府从没有想到要感化和教育他们，或者和汉人一体待遇。我们所知道历来治夷的政府，不是漠不关心，视同化外，如宋太祖之玉斧划河；就是武力压迫大兵痛剿，如周逵武之三路进军。试问这样能获得夷人的好感吗？

自然夷人里也有少数不良分子，天性就喜欢烧杀抢劫，和汉人中的盗匪一样。不过这是任何国家任何民族所不能避免的事。我们不能以偏概论，看见少数夷匪杀人越货，就说每个夷人都是生来如此。

昔贤说："以德服人者王，以力服人者霸。"又说："以力服人者，非心服也。畏其力也。"就人与人间的关系言，这是一条确切不移的定则。夷人是人，当然也难例外。我们在宁属听到好些人说夷人畏威而不怀德，心里非常怀疑。觉得夷人怎么会只畏"威"而不怀"德"，难道他们不是人吗？后来得到有关的记载及听到另一些人的意见，才知道不是夷人不怀德，而实是汉人无德可怀。

民国以来办理宁属夷务最著成效的人，首推富林羊仁安先生和冕宁邓秀廷先生。前者主张德化，后者则以力服。现在全宁属倮夷，无论男妇老幼，只要听到邓先生大名，莫不谈虎色变。可是我们知道有夷人悬重赏购邓将军头，却未听到有悬赏购羊将军头的。到富林时，我们去拜访羊先生。承他向我们叙述他自己治夷的经过和感想。他说："我在宁属和倮夷周旋二十几年，先后杀过一万多人，但是他们并不怨恨我。现在我有事时，只要传一句话去，他们都很高兴来帮忙。逢年过节时，黑夷大头目总忘不了送很多礼来。因为我以公正诚恳的态度待他们，决不使用压迫和欺诈的手段。要杀一个人时，必须大家都觉得该杀才杀。所以他们信服我。……"羊先生今年已是六十一岁的老人了，精神还健旺得很。他办了二十几年夷务，德威广播，远近欣服。夷人敬之如父母，至今爱戴不衰。乐西公路之能如期完成，得力于他所号召的夷工不少。从他的这段谈话里，可以知道夷人是否不怀德了，所以我们认为治夷的主要原则应该是注重德化，做到使夷人心服的地步。至于武力的使用自然有时也很必要，但必须用在万不得已之时，不能轻于尝试。

过去夷患所以不能平息，最大原因是没有一个固定政策。一切设施都随疆吏的喜怒为转移，以至夷务愈弄愈糟，造成今日的严重局面。廿八年西康省政府成立后，宁属划入康省版图。中央及地方当局对此都异常重视，特专设机关负责办理经济开发和整顿夷务等事宜。根据汉保平等的大原则，订立了详密方案，积极进行开化工作。此后宁属夷务有了光明的前途。千百年来大患将得到彻底的解决。不过任何事业的推进，均以人为原动力。中国不是法治国家，人的关系尤其重要。倘使没有适宜的人去执行，纵然订了极详尽的方案也是徒然。边地情形特殊，应付较难。稍有不慎，即可酿成大乱。所以人事问题更非特别注意不可。我们希望政府任用边区地方行政官吏时能遴选公正廉洁，干练有为，对边事有浓厚兴趣和深刻认识的人，优其薪给，专其职权，久其任期，使他能够安于其位，发展长才，执行既定方案，完成治夷大计。

我承认最初我对宁属的印象是十分恶劣的。因为刚踏进她的境域时，听的，见的，不是夷匪抢人如何可怕，就是大烟的蔓延如何宽广，没有理由使我对她发生一点好感。以后旅行的时间较久，走过的地方较多，发现宁属有这样大一块未开发的土地，无限量的宝藏，气候是那样温暖适宜，民风异常朴实可爱，于是我才觉得最初见解的错误。及至到了西昌，立刻看见一种蓬勃奋发的新气象。在贤明政府领导之下，所有官吏、学者、企业家、技术人员、工人都站在自己的岗位上埋头工作，为建设新宁属而刻苦奋斗。我敬佩他们苦干的精神，同时对宁属更发生了强烈的热爱。

选自《国立西南联合大学川康科学考察团展览会特刊》，一九四二年二月一日印

// 伟大抗战的历史文献
——访问中日战事史料征辑会

李昌庾

　　"此次中日战事，其规模之广，意义之大，为我国历史中空前所未有；关于此次战事之文献，亟应搜集整理，加以保存，以备将来国史之采择，及战后研究政治经济社会各种问题者之参考。"这是中日战事史料征辑会第一次工作报告的绪言里的话。历史陈迹，最易泯没，其资料苟不加搜集，瞬息即逝；今日不努力从多方面保存原史料，则他日即无从考定编述一种可信的历史，是则及时搜辑，分别保存，实在是一个意义非常重大的工作。我国自鸦片战争以来，几将百年，尚无一种可信的记载，博采中外记录，以本国的立场，详述其事；即就近百年来的中日关系来说，起自甲午之役经过九一八事变、一·二八事件以迄七七抗战，现存史料，寥寥无多，即由于当时未加注意。我们这一回的抗战是世界历史上一切民族解放战争中的最伟大的一次，其意义更重大，范围更宽广，规模更浩大，则其亟应搜集整理，善为保存，更不用说。国立北平图书馆和国立西南联合大学就深感此事的重要，便合组"中日战事史料征辑会"，于今年正式成立，开始担任这个工作。经费由两机关分担，而以北平图书馆负采访搜集之责，西南联合大学负整理编纂之责。他们这个工作的目的，就是要及时搜辑已发表的关于中日战事诸史料，由此奠立基础，以期能进一步搜辑关于此项战事的正式公文和当事人的公私记录，集中保存，他日得以成立一个"中日战史文库"，我国立图书馆的一个"战史部"，造成一个重要的历史文献的宝藏，作为他日编纂"抗战建国史"的预备工作。主旨在谋系统的保存，和利用已搜辑的战事史料，分别编纂，先立一个间架，以便异日逐渐补充，而完成若干种长编式的著作。他们所集史料的性质，不仅限于战事，即政治社会经济交通教育各方面，亦均注意；搜集的范围，不限于本国，即敌国以及各中立国的出版品，凡与此次战事有关者，亦均搜集。所以工作可分为两大步骤；一为搜集保存，一为整理编纂。除第一步工作已于上年开始外，第二步工作从今年开始，目下仅能作局部的叙述，因为必须战事结束，全部资料充实后，才能作有系统的撰述。

国内有计划有系统并且大规模地做这一工作的，似乎就只有这个中日战事史料征辑会，这个工作既有非常重要的意义，那么他们这个工作的进行情形是很值得我们的关心的。

工作计划

据征辑工作的最初发起人即征辑会委员兼总编纂姚从吾教授在他的《蒐集计划书》里所说，全部工作计划是这样的：

"案此次中日战争，预计史料的遗留，约可归为四大类：一、政府办理此事之重要宣言与公文，战报，外交情报，会议记录，各部报告与当事人的回忆录，事务专报，电报，书牍，统计表等；二、本国以外有关系各国的报告与记载；三、现在已发表的报告与记载；四、战事的直接遗留物与战地遗迹。关于第一类，无论我政府或敌人政府或第三国政府与当事人，除一小部份外，均尚未至发表时期，可以暂置勿论；关于第二类，拟逐渐搜集，关于第四类，如已运后方之战利品，照片等，拟请各公私文化机关，随时搜集，集中或分地保管，各战区战迹目下不能搜集者，战事停止后，应选派有史学训练人员，亲赴战地采访，或组织学术调查团实地调查；现在着手搜辑者，仅限于第三种之全部（即本国文的战报和现已发表的记载）与第二种之一部。"

这个工作计划的全部规模是浩大的。现在工作范围暂以上述第三种的全部和第二种的一部为限，而在这两种工作中则分为搜集，整理，编译，索引四个部门，又因性质不同，各部门又分为本国文和外国文两部。

已经开始的工作

截至记者访问时（十一月）止，征辑会已经开始的工作：

搜集工作

（甲）书籍

中文书籍　九百种以上

西文书籍　二百种以上

西文小册子　三百种以上

日文书籍　三百种以上

（乙）期刊

中文期刊　三百五十九种（内伪组织刊物十种）

西文期刊　一百三十三种（英文一百十六种，法文七种，德文八种，意文一种，荷文一种）

日文期刊　三十二种

（丙）日报

中文日报　九十四种（内伪报十五种）

西文日报　三十九种（英文二十三种，法文四种，德文七种，意文一种，俄文四种）

日文日报　八种

（丁）资料

一、本国政府已发表的公报，电文，中央社新闻稿等。

二、敌国政府已发表的公报，电文，中央社新闻稿等。

三、各国政府已发表的公报，电文，各外国通讯社新闻稿等。

四、远东问题专家论著单行本。

五、外国人士同情抗战的讲演稿。

六、各国驻华新闻记者稿件。

七、外侨的机要函件和报告书。

八、各国教产被毁损失调查。

九、各国商业损失调查。

十、各国社团和工会抵制日货的宣传品与广告。

十一、国内外中国各政党的出版物。

十二、文化机关被毁调查。

十三、医务防疫和战地救护设施报告。

十四、敌人汉奸的宣传品。

十五、战地图片。

十六、其他。

整理工作

（甲）日报剪排　将中日两国和各国报纸加以剪裁配补，归门别类。剪报排列方法，分编年和分类两种。编年以时日为先后，分类依性质为析归，编年的供纂辑中日战事纪略或其他编年战史之用；分类的供编纂专题记事或分类记事之用。已经剪排的报纸，分类部份已经剪排至今年三月，编年部方已经剪排至上年九月。剪报实施办法是这样的：

一、所剪中外日报，皆自二十六年七月七日起；

二、剪报以宁滥毋缺为原则，但与抗战无关者不采；

三、选剪时，本国报纸以南京、长沙、重庆、贵阳、宜昌、邵阳、昆明、成都中央日报代表国民党和国民政府，以汉口、重庆新华日报代表在野政党，以天津、上海、汉口、香港、重庆大公报代表民间，各省地方报代表地方，国外华文报纸代表侨胞；敌国报纸，以东京朝日新闻和大阪每日新闻代表；各国报纸，以伦敦泰晤时报代表英国，以纽约时报代表美国，以巴黎时报代表法国，以佛朗克埠日报和人民观察报代表德国，以义大利民报代表义国，以真理报代表苏联。

以上述各报做主体，以他报的专载，特讯，或是上述各报所缺者配剪。

四、分类整理，暂分为九大类：一、军事；二、政治；三、经济；四、交通；五、文化及教育；六、民运；七、各地；八、敌国；九、国际及外交。这九大类中更析为若干子目，依事为主，以时为序。

（乙）期刊整理　将中日两国和各国期刊，按类排列，以供研究之用。

（丙）小册子整理　将中日两国和各国出版有关中日战事的小册子，按类排列，以供研究之用。

编辑工作

（甲）《卢沟桥事变以来中日战争大事日表》初稿已具雏形，但所有材料，还待增补。

（乙）《中日战事纪事长编》将已发表凡记载或叙述抗战史实的书籍，小册子，公文以及散见各日报，刊物中的记事文，尽量搜辑；理论兼记载史实的，录其史实记述之部，理论精辟的选录；计划，条陈，报告，训话和有重要关系的文字，也加甄录。依细类从，用编年体，系年月日。

（丙）《卢沟桥事变以来新出战事书籍提要》将有关战事的中文书籍，小册子，单行本，丛书，丛编等，依性质略分为：一、战事记；二、报告和言论；三、演说和宣传；四、教育和常识；五、文艺；六、翻译；七、其他。作简明提要，详述内容，估定原书的性质和地位。

（丁）《暴日侵华与国际舆论》（英文本）第一辑已出版，第二辑也即可出版；第一辑范围比较广泛，第二辑取材注重游击战，西北情况和抗战期中的后方建设等。

（戊）《西文中日关系书目》（英文本）所收书籍断自九一八事变以后，近八年来各国出版的书籍；以后出版的，随时增补。

（己）《中日关系书目汇编》（英文本）将国外期刊和书籍所刊的书目编一总题，按期排列，以供研究搜集之用。

索引工作

（甲）《中文杂志索引》由国内出版的四百多种杂志中，选择论文和有史料性质的文字，现在已得四千多题，将来要加以甄选，分类排列，将论文部份编成《中日战事论文索引选目》，史料部份编成《中日战事史料索引选目》，为编辑《史料长编》的参考。

（乙）《西文杂志索引》　依据十三种国外出版的杂志索引，将各国期刊论文有关中日战事和远东及太平洋问题的，分类编成《中日战事论文索引》和《中国问题论文索引》；前者由前年七月起至上半年十二月止，已经完成，后者的材料多关于科学研究，社会调查，文学之类，还未完成。

（丙）《中日战事公牍索引》　体材依据 Times Index 加以扩充，专择取各刊物中所发表有关中日战事的公牍，编成索引，以备将来研究中日战史者的参考。

（丁）《战时中国国际关系史料汇编》（英文本）收录有关抗战期中之英文史料，以公文性质的资料为主，并及当事人的回忆录等，所容纳的资料，共分三类：一、中国和列强的关系；二、中日问题和世界政治；三、日本侵华和列强远东的权益。

在计划中的工作

在计划中的工作，除搜集，整理，索引三部门仍照原定计划进行外，在编辑部门中计有：

（甲）《卢沟桥事变以来大事日历长编》　撮记七七事变以来中日战事，先就已公布的诸种记载（如政府命令，负责当局的演说和谈话，日报的记载，中外各通讯社的电稿等），以日为经，以事为纬，据公报（如电令电讯等各种官报）为纲，选比较正确的记述（如负责当局的谈话，日报的记事等）为目，采其他各种可信的"不同的记述"（如当事人的笔记，回忆录，专家时人的言论，国际通讯等）为小注，以简明扼要为主，以逐日为段落，列为日历，使异日政府重要公文，手稿，当事人的笔记，回忆录等出版时，有所归附，以为他日编辑战事纪略的初步。

（乙）《卢沟桥事变以来每日战况详表》　详载每日战事消息，以战场为经，以日期为纬，依战区分述中日战争局部的演变，纪录逐日战事消息。依照七七事变以来敌人进犯路线和敌我攻守目的，以便检览全面战事进展的情况。战区单位约分四类：一、铁道线；二、公路线；三、大都会；四、轰炸区域。每一类包含各战区史料，各战役史料，各战区各战役的外交关系和国际关系，逃亡和救济的情形，陷落后的状况，空袭和被炸地的惨状，敌人的各种暴行，战役期间的国内言论和国际批评，参加战役各种特殊部队如八路军，新四军，各志愿军，各义勇队的史料。

（丙）《中日战事文录》　包含：一、有关战略，战时外交，政治、财政、民生、社会、教育的论文；二、各国论文（依时日编选，各照原文排印或择要译成中文）；三、译文（校订译文；未全译的补译，有误的校正）。

（丁）《昭忠录史料汇集》　收集殉难将士，死义贤豪、官绅工农殉国成仁，抗日杀敌的崇勋伟绩，奇行，遗事，名言，传记，家世，死事情由，像片等，以备将来国史馆和党史编纂处采择。

（戊）《时事汇集》　比较通俗化的战事记述，供一般民众的阅读。

（己）《卢沟桥事变以来中日战事简明一览表》　扼要选记每日大事，制成表幅，供检阅和张挂之用。

（庚）《卢沟桥事变以来战局转移地图》。

（辛）《战事图画集》　此外，还打算编印会刊，预定每月出版一次，随时向外间报告工作进行情形。

"治史"态度·"治史"方法

上面记者已经很素朴的把征辑会的工作计划，已经开始的工作和在计划中的工作都介绍过了。但是记者以为，对于史料的征辑工作，最重要的还是处理史料的态度和方法。

据姚从吾教授在他的《征辑计划书》里所说，他们的工作态度是这样的："史贵记实，无证不信；此次中日战事史料的征辑，务以事事求实为主旨。一、在服从国家法令，拥护政府立场的大前提之下，尽量容纳就事论事的异见；二、知敌知己知世界（即注意明了敌我与国际间的关系）；三、努力辨别真伪，对己不忽略宣传的用处，对敌不受宣传的欺骗；四、努力辨别是非，时时注意国家所处的时代环境与所有的国力，既不为高论所引诱，亦不受外人不负责任的言论所迷惑；五、慎下判断，在材料证据许可的条件下，详考'异同之故'；六、不把不知道的，当作是知道的。"这个态度，大致上说来是正确的。

在工作方法上，在搜集，整理，索引几方面大致还简单，而在编辑方面大致沿用旧有史书的各种体例，这种方法，这种体例是否是处理今日中日战事的史料的最完善最美备的方法和体例，当然不是可以轻易决定的问题。征辑会现在已经开始编辑和将要开始编辑的史料:《中日战事纪事长编》是仿徐梦莘《三朝北盟会编》的体例的，《卢沟桥事变以来新出战事书籍提要》是仿《四库全书提要》和阮元《四库未收书目提要》的体例的，《卢沟桥事变以来大事日历长编》是仿熊克《中兴小历》和李心传《建炎以来系年要录》的体例的，《卢沟桥事变以来每日战况详表》是仿袁枢《通鉴记事本末》的，《中日战事文录》是仿前代经世文编和文粹文类之类的体例的。记者参观了征辑会的工作情形，虽然还未能实际见到这几种史料的全部完成，但就现已完成的看来，觉得似乎这种方法未免太旧式了一点，这种体例也未免太呆滞了一点，尤其是在中文史料部份，更有这个感觉。能不能用现代西洋历史科学的方法编成新式的通史和专史的体裁呢？处理今日的中日战事的史料，是否仍要仿用旧式的方法和过去的体例呢？这都是值得重新考虑的。

记者在这一节的标题上所以标上"治史"这个字眼，是因为在准史学者的中间，由于工作的观点，态度和方法的不同，即使在字眼上也会不同的；比如姚从吾教授自己就在他的《征辑计划书》里说他自己是"治史为业，习久成癖，……"的。可惜为了时间的不许可，记者这一次访问征辑会没有能同时访问负设计责任的姚教授，请教他对于这次中日战事的史料的征辑工作的详细意见。

工作的实施

记者承征辑会的主席委员、国立北平图书馆袁同礼馆长的介绍，到昆明大西门外地坛（因为空袭的关系从北平图书馆搬到郊外独立工作）参观了征辑会的工作情形，并承负责实际工作的胡绍声先生详细指示。工作进行的情形，大致如上面所记；至于工作实施的情形，大致上说来是很良好的。实际工作人员有十多位，分担中西文的采访，资料整理，书籍提要，杂志索引，剪报等工作，每人担认一个题目，每一项目完成后，送交指导编辑人员审查，有疑问时，指导编辑和采辑人员开小组会议，共同研究，寻得一个比较妥善的解决，对于材料的辨别取舍，删繁去复，考异辨伪和编成后的审核等，都是由指导编辑人员作最后的决定的。指导编辑人员由西南联合大学十四位教授担任，分担总副编纂和中文日文英文法文德文苏文各部门的工作，每星期规定到会工作若干点钟。经费方面，因为合组的两个机关都很重视这个工作，所以不成问题，最近中英庚款有一部份补助；而他们现在每月的开支，还没有一个固定的数目。他们在工作上所感到的困难，据胡绍声先生告诉记者，只是欧战发生后国外材料的来源稍稍发生困难和因为工作人员的不够，许多工作不能按着原定计划实行而已。各种史料将来全部整理编纂完成后，是预备集印出版的，并且将来很可能由征辑会聘请学者专家根据这全部史料写成规模空前宏大的全部的正式的史书。这个工作如若能够实现，一定要成为世界历史上的一宗伟大的历史文献。

记者实地参观了征辑会的工作情形，就所看见的，在搜集方面的工作，已经做得相当的不错；这是由于负责搜集保存工作的北平图书馆，因为地位上的便利的缘故。他们对于各沦陷区各伪组织的伪报伪刊物伪文件等的收集，很是注重，特别在沪港各处成立办事处，负责设法多方搜求；这许多伪报伪刊物伪文件对于史料的征辑当然是很重要的。再有一件事很值得提出来一说的：记者看见征辑会所搜集的国内外的资料，各国出版物的关于这项中日战事的，并不少于我们本国，在某几方面甚至比我们自己还要多，并且分量都是相当的重的。我们不是要感到惭愧么?

最后,记者附带抄录中日战事史料征辑委员会的职员录在下面:

委员会:主席委员 袁同礼(北平图书馆馆长)副主席委员冯友兰(西南联大文学院院长)

委　员:傅斯年(中研院历史语言研究所所长)

刘崇铉(西南联大史学系主任)

姚从吾(西南联大史学系教授)

陈寅恪(西南联大史学系教授)

顾颉刚(云南大学史学系教授)

钱端升(西南联大政治系教授)

工作人员:(甲)指导者总编纂姚从吾,副总编纂刘崇铉,中文编辑郑天挺,钱穆,日文编辑王信忠,傅恩龄,英文编辑叶公超,蔡文侯,雷海宗,法文编辑皮名举,冯文潜,苏文编辑刘泽荣。(乙)工作者因常有变动,从略;现由胡绍声负总责。

廿八,十一,八。昆明航寄

// 中日战争史料展览参观记

敏 英

由于日本帝国主义的狂暴侵略，激起中国全民族英勇的抗战，这是有着极重大的历史意义的。国立北平图书馆和西南联合大学感到这次抗战意义的伟大，拟将战事的文献加以搜集整理及保存。乃于去年一月合组中日战争史料徵辑会，并定北平图书馆负责采访搜集，西南联合大学负责整理与编纂，不论本国或敌国的军事、政治、社会、经济、交通、教育等各方面与战争有关的材料，都在搜集之列。据该会的搜集计划书称，他们的搜集史料的目的是：（一）谋系统的保存；（二）可利用已搜集的战事史料，分别编纂，以期树立若干间架，他日能完成若干种长编式的著作，以备将来国史之采择，及战后研究政治经济社会各种问题者之参考。他们的保存计划又是：（一）选购重要日报及杂志，自廿六年七月起，整份或整部，装订编号，妥为保存，以备检查。（二）保存剪报，拟将已剪报纸，分两类排列，一为编年，一为分类。（三）搜购日报以外的专书、小册子、单行本等，分类编目，各作提要，整部保存。（四）专收散见于日报、杂志、小册子，或成书中的专文、战事记与时人言论，按年汇录全文，以便保存。（五）人物、地土、照片、图表等，分类纂辑，编号保存。其编辑计划，又有以下各项：（一）编辑《中日战事记事汇编》长编。（二）编辑《中日战事纪略长编》。编辑《中日战事分区记事长编》。（四）编辑《中日战事书目提要》。（五）编辑《昭忠录史料汇集》。（六）选辑《中日战事文录》。（七）编辑《中日战事详细地图》。（八）编印《战事简明日历》。该会自成立以来工作甚力，据最近该会出版的《中日战事史料征辑会工作报告》，他们已进行着史料的采访和搜集的第一步工作了。

一月六日，该会曾将已搜集史料在西门外地坛举行了三小时（下午二时至五时）的公开展览。笔者一时许即在地坛旷野等候了，那里环境清静得很，参观的人并不拥挤。里面前后院共分三室陈列。一为图片展览室：四壁张贴着抗战以来敌军对我同胞及文化机关等的狂暴轰炸和惨杀的照片，全国最高的学府，最精华的市街，尽被毁得只留颓垣破瓦，一片焦土。各地无辜的同胞，被炸得断臂折腰，血肉模糊的横在地上，真是目不忍睹，这些血的痕迹，谁看到了都会引起一阵悲愤的感情的，尤其是身从战区逃出的人们，更能挑起他们的追忆和激愤。室的中央和四隅，还钉挂着各国人民对我同情和声援的书信以及各地侨胞为祖国捐输效劳的情报。更令人感到我们为和平正义的抗战，将会得到最后的胜利！第二为中西文图书室，那里放存着抗战以来全国出版的大小册子、言论集、文艺创作等，一边还放着从战区搜集来的战区小组及干部会议录、壁报、宣传品以及敌军内部的反战宣传品，可以说是最难得的重要文献。其他是西文书籍，整齐地陈列在书架上，包含有西欧各国的政治社会经济等著作，范围比较广阔些。最精采最丰富的要算第三室了，那里陈列的完全是些敌伪方面的材料，里面有敌国内出版的各种杂志、画报、经济、政治、教育等书籍、年鉴、报章、文艺宣传品及敌人的军用卷分类陈置，在敌人势力支配下的伪组织内出版的书报、宣传品，都被搜集过来，琳琅满目，使我们可以直接读到敌人对华的阴谋，狂妄的言论，和丧心病狂的汉奸求和附敌的主张。还可看到敌人主使下的伪政府组织系统及名单，不仅为群丑题名，真使人看得切齿。最值得注意的是封面盖上了"伪"字，认为是代表伪方言论的刊物《新世纪》现在尚蒙蔽着一部份青年，在市面书坊还可购到的。该会却首先发见，这不能不感谢该会对敌伪出版物检阅的精细了！其次在一本日本画报里，满载着敌人在沦陷区内作威作福的照片，其中有一幅是海南岛儿童列队欢迎"皇军"登陆的数十小童手持日旗，整队站列看着"皇军"走过，只要你稍加留意，即可看出那些小童都不是我们的同胞，而是日人的儿童，由此我们可以揭穿敌人欺骗世界的面目。

以后我们怎样能有阅读敌人出版刊物的机会？这又不得不希望该会努力搜集了。

　　最后，笔者希望该会以后能多多与全国的文化团体互相联络，给予文化界同人以搜集材料的方便。同时希望该会随时将搜集所得的材料公开展览，使一般民众得以明了敌人的阴谋及我军英勇斗争的真况，另一方面还希望社会各界人士对于该会的搜集工作，多多给予帮助。

一月十日，昆明。

选自《战时知识》一九四〇年第三卷第一期

// 《中日战事史料征辑会集刊》发刊旨趣
——《中日战事史料征辑会集刊》发刊词

冯友兰

一个民族的独立自由，是它自己用它自己的力量争取来底。求别人给予独立自由，是一个自相矛盾底行为，亦是一个自相矛盾底思想。别人能给予我以独立自由，则此所谓别人的权力，必然在我之上。既然在我之上有一个权力，则我又有何独立自由之可言？这是一个不待言而自喻底真理。

我们的民族，四千年来巍然独立于天地之间，这并不是一件偶然侥幸底事情。这是我们的祖先不知流了多少血，才得来底成绩。我们的民族有四千年的历史，这历史是我们的祖先用血写底。

我们的民族，现在又遇着了重大底危机。在四千年的历史中，我们本也曾经过许多重大底危机。不过我们现在所遇底危机，与我们以前所遇者，有性质底不同。以前我们所遇底危机大概都是军事上底，顶多也不过是政治上底，而不是经济上底。在以前我们在军事上或政治上，虽有时有很大底失败，但我们的生产技术，总是高于我们的敌人。因此我们在经济上总是占着优势。我们曾经丧失过政权，但没有丧失过经济权。我们在以前的危机中，所以都终能化险为夷者，其主要原因在此。

但是自从西洋有了工业革命以后，我们的生产技术，不幸落后。又不幸我们的东邻，亦先我们而有了工业革命。我们的生产技术，对于它亦是落后。我们在东亚遇着了这个敌人。它是在经济上对于我们占优势底。我们现在所遇底危机，与我们以前所遇者，其性质底不同在此。由这一方面说，我们现在所遇底危机，在我们的历史中，可以说是空前底。

我们现在所遇底危机，到现在底中日战争，发展到了顶点。半世纪以来，中日间底旧账，都要在这次战争中，得一总清算。在这次战争中，我们若失败了，我们即无法度过这个危机。在以前我们所遇底危机中，我们失败了，不久即又恢复。这是因为我们虽在军事上政治上失败，而尚有经济权在手。但现在我们的敌人的主要底目的，正是要夺我们底经济权。所以这一次我们若失败了，以后虽非不能恢复，但其困难，要比以前大得多，这是可以断言底。

反过来说，在这次战争中，我们若得了胜利，则这次底危机，即已闯过大半。我们的生产技术，近来已有很大底进步。只要政治上军事上能保全独立自由，则十年以后，我们在经济上可以"迎头赶上"世界任何国家。苏联的经济建设，便是一个前例。经济的进步，如其"迎头赶上"世界任何国家，则别方面的进步，亦自然随之而赶上世界任何国家。到那时候我们不但可以中兴，而且其伟大光荣，要超汉轶唐，真可以说是震古铄今。这也是可以断言底。

由这些方面看，这一次中日战争，实在是我们民族将来判云泥的转折点。在这一点上，若失之毫厘，则将来即可谬以千里。现在我们所可以自慰底，即我们虽以劣势底军备，劣势底经济，而打了两年多，但敌人的目标，不但没有得到，而且其得到的希望，比开战以前，更加渺茫。而我们的大多数底人民，都能继续我们民族四千年来，用自己的力量，争取独立自由的精神，以与敌人奋斗。由这方面看，这两年半的历史，是我们将来震古铄今底事业的张本。

这两年半的历史，是我们无数有名底或无名底英雄写底。他们用他们的血，在四千年底锦绣河山上面，写下了这段历史。他们已写了两年半，但是还没有写完。他们仍在继续写，一直写到我们的国家民族，以及其中的各个人，都得了"大团圆"的结局，方才能告一段落。

英雄们用血写底历史，历史家要赶紧用墨抄下来。用血写底历史是历史的本身。用墨抄下来底历史，是所谓写底历史。历史的本身，固然是永存于天壤，但没有完全底写底历史，历史的本身，是不容易传之于后人底。

　　有人说：中国是重视历史底国家。但就现在底情形看，似亦未必尽然。民国初年，掌国史底机关，时常改组，到后来简直没有这种机关了。自这次战争发动以来，政府的机关，虽有裁撤，亦有添置，但是掌国史底机关，到现在还没有设立。向来将某人生平事迹，"宣付国史馆立传"，是政府褒忠饰功的一种大典，也是功在国家底人的。一种很大底身后哀荣。现在既没有国史馆，遇有需要这种办法的时候，政府的命令，只得说，将事迹"存备宣付史馆立传"。但是存也要有机关主持呀。没有机关主持，存不也是徒托空言吗？

　　近二十年来，我们的史学，有很大底进步。古代的事情，有些是司马迁父子所弄不清楚底，我们现在弄清楚了。古代的思想，有些是刘歆父子所弄不明白底，我们现在弄明白了。不过我们的史学的进步，大多在于古代史方面。在近代史方面，史学的进步已经较少。至于现代史，则人对之更不注意。大概以为现代底事，是"无人不知，无人不晓"底，没有特别予以注意的必要。但严格地说，现在底事，果是"无人不知，无人不晓"吗？即令真是如此，而现代底人，若不把关于现代底事底记录材料，保存起来，事过境迁，后来底人，欲知现代底事，也必有"文献不足"之感了。古董虽亦是史料，研究古董，虽亦与研究历史有关，但史料不必尽是古董，研究历史亦不必皆与研究古董有关。眼前底事物，转眼都可成为史料。历史虽有古底而却不都是古底。若就对于我们现在的关系说，则研究今历史，较研究古历史，尤为重要。

　　上文所说底，是无数有名底或无名底英雄，用血写底。这两年多的历史，对于我们的前途的关系，其重要远超过任何时代底古史。而关于这段历史底记录材料，在战时很易散失。上文说，英雄们用血写底历史，历史家要赶紧用墨抄下来。这种工作，固然不是立时所能作成，但先把关于这段历史底记录材料，收辑保存起来，以备将来国史及历史家的采用，是在注意历史底人所立刻能作，而且立刻应该作底。

　　北大清华南开三大学在长沙合组为长沙临时大学，北平图书馆也参加在内。当时就开始了征辑中日战争史料的工作。不久三校及图书馆又西迁昆明。三校合组为西南联合大学，图书馆独立，但是关于征辑战事史料的工作，我们还是继续联合进行。有些材料，本来在长沙时是很容易得到底，但是现在却不容易得到了。我们深感"后之视今，亦犹今之视昔"，所以对于这种工作，更愿加紧努力。

　　我们本来的工作，是注重在收集保存。但是后来觉得，所谓保存，亦并不是将史料收来一堆便算完事。一个货栈的用处，虽是堆货，但货也不是可以随便堆底，因此我们于收集保存的工作之外，又有整理史料的工作。

　　因为收集来底史料，日益增多，其中为一般人所未见者，也不在少数。在整理的时候，有些材料，我们觉得，若先将其发表出来，对于抗战的进行，是很有裨益底。凡是利于抗战底事，只要是可能底，我们都应该作。因此我们计划出版这个集刊，以随时发表这一类底材料。其篇幅较长者，则另印专册，别为丛刊。

上文说，货栈虽为堆货之用，但货亦不是可以随便堆底。关于收集保存及整理史料，是很繁巨底工作。我们的能力知识有限，亦想利用这个集刊，发表一些工作计划，工作报告，及讨论收集保存及整理史料的方法的文字，以请社会明达，加以指正。

我们现在所收集底史料，十之八九都是中国，日本，及其他外国出版底。有关战争底书籍，报纸，杂志等，即在这些方面，也还很不完全。而国内的刊物，尤不易收集，例如前线及游击区所出刊物，本是最有价值底战事史料，但因交通不便的关系，这些刊物，我们都很难收到。即使这些刊物都完全收到，而这些史料，亦仍是一方面底。向来讲历史，要"文献足征"。文是有关史事底各种文件，献是身经其事底人的报告。我们现在所收集底材料，大概都是属于"文"底一方面，而且尚不完全。我们希望这个集刊，能使社会上知道有我们这个机关的存在，知道有一部份人，在作这种工作。有些人，或有关于战事底刊物或文件，而不预备收藏者，可以将其转送给我们。有些人或身经战役，或从游击区出来，对于战区游击区的军事，政治，经济，社会各方面，有直接底知识，亦可将他们的经历或知识写下来，交给我们，以备属于"献"底史料。这方面底史料，是最重要而亦是我们所最缺乏底。无数有名底或无名底英雄们，已用血把历史写出来。历史家要赶紧用墨把它抄下。我们所作底是一种预备工作。虽是预备工作，但我们能有这种工作，亦觉有莫大底光荣。我们希望能以这个集刊，对于抗战有点贡献，并希望能以之引起社会及同志底人的注意，俾能对于我们的工作予以指示及帮助。

选自《中日战事史料征辑会集刊》一九四○年六月创刊号，中日战事史料征辑会编

// 观音山的回忆

曾昭抡

[原编者按] 编者想对这位作者写几句介绍的话，却想起一位同学的信。这里就摘录几节关于曾先生的话，作为介绍吧！也许更真切些：

"在'西南联大'恐怕再也找不出第二位像曾先生那么受人敬爱的教授。他的所以受人尊敬，不只是因为他那渊博学识（曾先生原任北京大学化学系主任，中国化学会主席），而且更多的是他对学生们的那种恳切态度和了他自己的学习精神。他从不搭大学教授的架子，总是和学生一起，和学生们打成一片的。西南联大那次从长沙迁移到昆明，有三百多位同学是步行'长征'，有二位教授参加这步行，曾先生就是其中的一位。他始终是和我们同学'共甘苦'的。"

"这次夏令会得到曾先生和我们一起'长期抗战'，大家都觉得非常愉快和荣幸的，尤其使我们高兴的是他还替我们这次夏令会写了一篇的印象记。曾先生亦为大会讲员之一，讲题是'学生生活和民主'，是大会讲演中最精彩的！

许多人都以为做先生的必定要板起脸来，和学生远远的隔离才能教人，才能得到学生的惧怕，尊重。但是曾先生给了一个最好的反证，凡是有真才实学的，生活真有纪律的，他越和学生接近，只有多增加人们的景仰。

曾先生虽然是一位科学家，但是他对于社会科学都很有研究。也许因为他懂得社会科学的缘故，使他在自然科学方面有更大的成就。他思想很正确，对于时事分析，很有把握，常常为学生各种社会团体请去分析，也许许多所谓专家们及不上他呢！"

（一）到观音山去

早上八点钟，去昆阳的协记公司轮船，载着我们八十几位会员，离开大观楼。清晨飞着的一点小雨，早就收敛起来。在晴和的天气中，我们向模仿西湖的大观楼挥别。除开一小部份会员以外，在起程的时候，大家全是生生的，彼此相见，难免不有三分忸怩。

我们包的舱位，是下层的一半。船一开动，有几位觉得头晕了，马上跑到外面甲板上，去呼吸新鲜空气。合作社运去的点心，不久便拿出兜卖，会员全是吃饱早饭来，不愿再掏腰包。可是想不到的，因为价廉物美的关系，舱内其他一半人

口，争先恐后抢着来买，一会儿便把大面包卖光了。买到点心
的老头子，老太婆和壮年男女，一个个喜形于色。只有那船上
穿着军服，专门以卖点心和给客人为业的一位老先生，望望眼
中出火，大有摩拳擦掌，准备火拼一番的意向。

歌声打破了我们的沉寂。从《义勇军进行曲》到《凤阳
花鼓》，上中下三等，各种各样的中西歌曲，全都唱过。跟着
歌声的抑扬，原来许多不大认识的人，在精神上慢慢结合起
来。到后来分成两半，互相竞赛唱歌。每逢唱到抗战歌曲，同
船的乡下人，全都露出兴奋的表情。

一个钟头光景，"草海"走完，右边驶过三清阁以后，原
来艳绿的碧绿湖水，变成带浑的哑苹果绿色，略前水转黄绿，
泥浑愈甚，乃是"大海"的特征。穿湖续向南去，两岸全是满
长绿树的矮山。里面玩厌了，大部份会员跑到舱外甲板上去，
看的看书，谈的谈天，时间不觉如飞地过去。十点一刻，船靠
观音山停下。早一天去布置的几位会员，把一切都安排妥当。
到后事事不必劳神，便安然地住下了。

（二）观音山

观音山位在昆明湖（滇池）的西岸，山脚有马路可通西
山，距离大约是六十里左右。走水路去比较近些。过三清阁以
后，坐在船上看去，仿佛湖的四周，全是矮矮的林山，没有一
座高一点的。其实上岸一看，这些山也并不低。只有逼近湖旁

的山峰，确是不高，观音山便是这么一座脚山，由湖边爬到观音寺，不过四五分钟的路，可是从庙后沿山脉爬到水峰顶上，还有相当的路程。所谓观音山，是伸到湖边的一只山角。庙的本身，虽然不小，但是埋在树里，远望毫不惹人注意。从庙的大门，经过一条马鞍式的路线，走到一只两层楼的八角亭（观音亭）。那亭位在山角的极顶上，临着滇池，是全庙当中建筑最华丽的一部分，也是最惹人注意的一部分。坐船来看到此亭，便知已到观音山了。

观音寺所在的山角，是由石灰石及泥页岩所构成。遍山满长稠密的树林。只是树虽成材，却也并不很大，林中树木，最主要的是刺页蛮青杠（一种槲树，Vak）和一种窄叶子的树，云南各庙所在的山，大都如此。庙的附近，圆柏不少，杂有扁柏。庙后一片山顶，长的大部分是云南松。离庙不远的地方，还有果园，桃子季候已过了，现在正是采梨的时期。

轮船到观音山，实在并不能靠岸，最后百米左右的一片水，需坐划子过去。山脚逼湖虽紧，滨湖仍有低平的稻田一片，像棋盘一般地布着，上山的路，陡盘直上。途中所见植物，除开上述各种树木以外，仙人掌很不少。

插在田间，竖起一座二百余户的村庄。保护龙夫人的墓道，大约是他们主要任务之一。因为村子不小，轮船过此，照例停泊。龙夫人墓，是本省龙主席第一位原配的墓道，颇为华丽。它的一切布置，采取中国样式。可是里面路旁所陈石马石兽，雕刻甚为生动，殊带西洋色彩。墓道位在田后，距湖颇近。它的后面，土砖房屋环抱，便是背倚山麓的这座村庄。据说村内赌风极甚，尤其是在过年的时候。茶馆里的人，一提到打麻将，立刻就精神百倍。

村里有两家茶馆，一家是民众茶社，一家是新开的万宝茶园。还有一家小馆，内有饭菜和米线出卖。观音山是昆明附近一处理想的游水地方。由大观楼来，轮船走两点一刻钟即到。船费二等不过二元一趟。早晨来，下午回去，当天来往，大可从容不迫，加上茶馆饭馆的便利，连野餐都不必带。大鱼是本地的美味。另外现在正是产菌的时候。北风菌和鸡油菌，本地人拿来炒在一起吃。鸡油菌是一种橘黄色的小菌，也是此处特产之一。蔬菜虽然丰富，可惜种类不多。一天到晚茄子辣椒，久住不免令人生厌。考究吃菜的城里人，因此不得不从昆明运菜来。本地所种水稻，足够解决当地民生问题。因为价格过高，我们只好从昆明载公米来吃。猪肉只有逢街子方能买到，也是一件令有些会员不乐的事。

（三）观音寺

观音山的和尚庙（名叫"观音寺"）虽然说不上考究或华丽，却是很不算小。在我们来此前两天，正逢会期，庙里住着有两千多位善男信女。（阴历六月十七至十九，据说是全年中最重要的会期。）按照此庙住持在村子里所贴的布告，一斋索资一元五角。据说今年会期，庙中净入一千余元。去年更多，竟达二千余元。此项收入，就拿来做本庙的修理和维持费。佛门弟子，向来有杀生之戒，因此他们去后，留下给我们的遗产，主要地有跳蚤一项。

此处的庙，据说以前小些，但是精致很多。现在的庙，修好不过几年。去年国立艺专，因疏散关系，准备移此上课。先后费去数万元，修葺扩充，将后面廊子全改成房，遂有今日规模。对于改庙作校，当时本地人反对甚烈，因为代表本村与艺专接洽的，是一位前清举人，曾任县长的某君；村人竟迁怒及彼，令村婆一人，撒疯装神显圣，将这位长者，当众罚跪认罪，这样一来，艺专卒不敢迁入。结果村中未费分文，庙经修缮，学校又不来，村人乃皆大欢喜，认为此乃神明显圣的结果。由此一节，可见本地百姓迷信之深。据说观音山的庙，要算昆明附近一所很重要的庙。

庙的本身，没有什么特别值得描写的地方，大门并不太大，上面写有"小南海"三字。里面前后一共三殿，和普通的寺庙一样。最前一殿，四大金刚之后供着弥勒佛。中间的正殿和它后面的二殿，是两座大殿。前者我们用作饭堂，后者拿来开大会。两旁还有侧殿，围着各殿，两边各有一列楼房，那便是会员们的寝室了。各殿前后院子里，栽着有树木和花草，一树正在盛开的桂花，令全院充满了甜香。还有一株"木见"，开着鲜艳的朱红色花。

在善男信女散去之后，庙里的老和尚是很寂寞的，这位老和尚实在并不老，大约不过四十光景。因为还在壮年，不免略有俗心。当我们在院中练习排球的时候，他也跑来参加，学他的排球第一课。和尚身材魁梧，日常总穿着一种黑布袈裟，满留艾火痕迹的头顶，已经长出一部分黑须，打起球来，气力很大，只是手舞足蹈，未免表演一些滑稽姿势，有一次他一下子将球打过屋顶，滚到山坡底下。假若老和尚打球的姿势是可笑的话，他那猿猱下陡坡的姿势却是很美。一会儿居然就从仙人掌里面把球找回来了。

虽然老和尚允许我们用他们的厨房烧荤菜，他本人对于信佛，还是很虔诚的。他平常的日常功课，是早晨四点钟起来，念经念到七点钟，中午十一点念到一点，夜间还要做晚课，这次我们来，和他交涉，请他休息一星期，总算答应了。可是每晚九点钟左右，他还不免要敲锣击鼓，念一阵经。同样地，在会期当中，常有村妇进来，在我们的会场（二殿）念经。等到开会的时候，劝他们暂停，方才退去。

（四）领袖寝室一瞥

领袖寝室，设在侧殿楼口。一间很大的房，住得不到十个人，很是宽畅。我们中间，虽然有的是英国人，有的是美国人，有的是中国人，好在大家都会说英文，倒没有什样不方便。除开一两位以外，所有的外国朋友，全会说很流畅的中文，这是一件非常难得的事。中英两种文字，对于我们，来得同等方便，可是我们都宁愿说英文。这样一来，仿佛又回到外国去了。

蓝牧师永远不会缺乏幽默，Clark 喜欢睡在他的 *New York times* 上面。他说，现在这是他生活中惟一的奢侈品，这份每星期寄来一次的美国报，白天拿来看，晚上垫在帆布床上，当褥子用。他还有一铺吹气的橡皮褥子，令我们羡慕不置。据他说，这件东西，是几年前在汉口，以国币七元的代价买来的。他也很赞美自己所用的那张美国帆布床，用了许多年，还一点没有坏，比中国货强得太多。

最令我们头痛的，就是蚊子，无论帐子布得如何周密，第二天一早醒来，难免不有几只进到里面，多的时候，甚至有几十。跳蚤有时也来光顾，虱子却似乎未曾发现。

我们每天早上，一听号声就起身，从来没有人赖床，所以用不着"拉夫队"来费力；早晨的烦恼，是有时会找不到热水剃胡子。晚上吹过熄灯号，睡得却不很整齐。Ben 告诉我们，他在美国夏令营的经验。他说在那里，夜间领袖们把孩子们（Kids）送去睡觉以后，老是自己跑出去。早晨孩子们起不来，便将一桶冷水劈头浇下。

（五）美丽的滇池

无论什么人，第一次到昆明，看见那美蓝色的滇池，没有不赞美的。可是长住以后，慢慢会觉得昆明湖平淡无奇。连那有名的西山胜景，游几次也就厌了。怀着这种心理，我们来到观音山。当初对于欣赏风景，并没有怀着很大的希望。可是事情大出意料之外，在观音山八天，天天看滇池，愈看愈不厌，愈看愈觉得它变化多端。伟大的滇池，它的多变，竟和海一般。现在我们才发现，欣赏滇池，需要长时期的观察。同时我们也可以说，不到观音山，不能充分认识滇池的美丽。理由大约是这样的，平常游览西山一带，所见的滇池，属于"草海"部分。那一段水很清，水色特别美丽，可是风浪不大，变化不多。进入"大海"，水顿转浑，骤看不像"草海"那么悦目，细察它的变化，却有无穷妙处。

对于欣赏滇池，观音山是一所最适当的瞭望台，无论什么时候，坐在庙门口，靠在门前的石栏杆上，或者站在庙后山顶早操的地方，张眼一望滇池，总会令人留连不舍。有些时候，水面平静得像纸一样。有的时候，也会掀起很大的波浪。我们在观音山的几天，有一晚忽然起了大风暴，狂风怒号，波涛汹涌。全庙建筑，仿佛都动摇起来，虽然在山脚远望，湖水总是泥浑的黄水，可是从山上望去，多半时候，水作淡蓝色；较近看美得多。阴天云后微露太阳，清晨照水作深灰色，又是一番景致。

起身号前半点钟，看太阳自天边升出，霞光多种，美丽非常。停泊岸边的几十条小船，此时一齐出动，划出港去，为天然风景添色不少。近岸水中，像棋子一般布着几十铺鱼网，同时一起开始扳动，也是一种有力的陪衬。正午碰着大太阳，日光照在水面上，反光作金黄色，另是一幅美丽的景致。日落时，隔湖山后，天空一角作紫红色，衬着山的蓝色轮廓，尤其是一幅奇美的彩画。阴天或雨天，并不抹杀昆明湖的美丽。平常看得很清楚的环湖各山，此时模糊起来，只隐约地留着蓝色的轮廓。黑夜，山脚村庄，灯光隐约，近庙一棵大树，顶上老是反映发光，有时衬上天顶星光，更是一张调和的图画。

昆明湖的美丽，够叫人呆着老望。但是在日出的时候，或者在夕阳下，携伴同行，绕湖漫步，也自有特殊的趣味。有些地方，是游不厌的，观音山就是这么一处。

（六）会员生活素描

天刚一亮，清晨六点钟，起身号就无情地把我们从床上催起来，许多人是从甜梦中惊醒。有些人早就醒来了，张开眼睛，躺在那儿等吹号。还有一些可怜虫，前一晚太兴奋了，压根儿就没有睡着。有了赖床习惯的人，难免不被"拉夫队"拉起来。"拉夫队"是维持会中秩序的一种志愿兵，参加的有男会员，也有女会员。（虽然这名称对于女会员不免有点语病。）

升旗以后，便去早操。庙后一片布有云南松的，平平的山顶，作了我们的操场。夏先生教早操很有趣，平常在学校里赖操的人，到此全不懒了。排队的时候，不分男女，只论高低，一面作早操，一面欣赏湖山景色，加倍地有趣。

七点半钟吃过稀饭以后，八时举行崇拜。克牧师讲道，很受会员们欢迎。九点左右，讨论会开始，这是一天生活中最紧张的一幕。在会中辩论，往往异常激烈。按照预定的计划，讨论会散会以后，休息半点钟，大家唱唱歌，方始举行演讲。可是事实上讨论会没有一天不延长，完结以后，立刻就要去听演讲。

一点多钟的演讲，结束了一天端严的程序，十二点半，是规定吃午饭的时候。为着会员得以彼此互相认识起见，吃饭时的座位，每天一抽。各桌的名称，有时用《红楼梦》上的人名，有时用《水浒》上的主角，有时用世界伟人的名字，每天换一次花样，比起用死板的数目字，来得有趣得多。同时也增加了许多开玩笑的资料，下午留着自由活动，晚上多半举行游艺会，这样圆满地又过一天，一到九点半钟，就要吹号熄灯。虽然大家都嫌早了，许多人留恋到最后一秒钟。

在自由活动期间，一部份会员，老是浸在昆明湖里，不论天晴天阴，甚至大雨，他们从未间断一天。除开泥质过多，在水里张眼看不见任何东西以外，观音山几乎是一处理想的游水地方。从庙跑下山，走到湖滨游泳的地方，十分钟便够了。下水以后，全是一片很好的沙滩，向外伸出有几百米，离岸两百米左右，水还不致淹到头。近岸颇有水草，不太好游。会游泳的人，游到远去就舒服了。湖上常有民船来往，游到船的附近去玩，一点也不困难。在水面平静的时候，练习各种游泳姿势，这是很好的处所。有时风浪掀起，波涛汹涌，黄水上翻出白浪头，骑着浪向前冲进，仿佛就像在海里狂浪中游泳一般，另有一番滋味。会员当中，很有几位游得不错，三位女会员，是滇池惯常的顾客。其中至少有一位游得很好。她说她是在海边长大的。

　　游泳以外，排球是最普遍的游戏。文的方面，Bridge 和 Five Hundred，玩的人很多；下棋的人也不少。院子里打着排球，廊子上叫着正 hall，这就是日常生活的一角。

　　五点五十分下旗，大家一定要赶回来。接着六点晚餐，七点便要开始晚间的节目。秩序单排得这么紧，真是一天到晚，一点闲工夫也没有，夜间举行的，多半是游艺会。会员中有天才的不少。唱歌、跳舞、说笑话、玩乐器，作团体游戏，两点钟很快地就过去了。惟一的恨事，是预定的营火大会，因天雨未能实现。有一晚举行乡民大会，在其他节目当中，有两曲"花灯"。一曲敦请村中职业的"花灯"戏子来表演，另一曲由本会员工现身，马先生是中间的主角，这种滇省特有的歌剧，音乐歌唱以外，还配着简单的舞步。本省人听来津津有味。散戏以后，还有几位村人，跑过来和我们那几位表演的员工研究。而且自从那夜起，熄灯以后，厨房里总听见有"花灯"的声音。对于外省人，"花灯"的调句，不容易听得懂。幸亏事前有人将剧情说明，还可勉强了解，不过久听以后，觉得音乐和舞步，都有一点过于简单。最初的好奇心一过，不免感觉冗长了。村中的人，对于我们的游艺会，特别发生兴趣。每次总有不速之客多人，前来旁听。未开乡民大会以前，还有人来问，是不是有一天演戏给他们看。他们说，每年有人来此聚会，向例要对他们表演一次的。青年会的聚会，似乎对他们的印象很深。有的乡民，已经会说 Mister 了。

虽然每天这样忙，会员中却并不是没有增加个人情感的机会。我们的"主席"说得好："愿天下有情人都成眷属。"夕阳初下的时候，成双作对，携手偕行的伴侣，给观音山增色不少。有些人喜欢音乐，坐在一起，弹弹琴，唱唱歌，更热闹一点的，跑到村子里去聚餐。猜拳喝酒，闹个不亦乐乎。只便宜了村子里的人，围起来看把戏。

女会员太少，似就不够支配。一位小姐，常常会被几位男士们包围，像众星拱月一般，在这种情况下，她何不难施展本领。有的会算命，有的会唱歌，有的会应酬，真是"人各有才"，许多人想，夏令会为何不再延长几天。

（七）化装跳舞会

仓卒筹备成功的化装跳舞会，是夏令会生活中的一次大的变换，虽然没有举行社交舞，那一晚盛会的节目，很够精采。在一切聚会中，那是最值得纪念的一次。奉着"自由活动"委员会的命令。参加这次会的人，不论是表演节目，或者是普通的观众，一律需要化装，否则不许到会。奇怪得很，这道命令，宣布不过半天，居然得了惊人的成绩。晚饭以后，会员一个个躲在房里，悄悄地打扮起来。钟敲七下，应该要开会了。装做女子的男士们，忸忸怩怩地藏在房内，不敢出来。逼得没有办法，方才姗姗来迟。

会在前院中学举行，七点半钟左右，院子四周，坐满了奇装异服的各色人士，在他们背后，充满好奇心的乡下人，围成一道肉墙。最精采的化装，是扮做希特勒的赖君，他就穿着自己的一件黄皮外套，臂上缠上国社党的党徽，脸上随便化一下装，便扮得逼真逼当，真是难能可贵。一位乔装的村姑，利用着由本地人借来的服装，也扮着十分逼真，老和尚的袈裟，当然被利用了。还有睡衣，浴衣等等，一齐搬上台来。龙小姐把一床红毯，裹着身子，扮做印度女人。几位湖南朋友，亏他们不怕热，将棉袍披在身上，模仿和尚的装束。外国人不肯示弱，装扮得异常精采。蓝牧师扮成印度人，尤其是像得很。其他值得提及的化装，还有散花的仙女，和足踏木屐的日本人。许多男的，扮成女人。许多女的，扮成男子，扑朔迷离，真有一点令人难辨庐山真面目。

开会词以后，接着是两项音乐节目。底下马先生的草裙舞就上场了。马先生真是多才多艺，这种肉感的跳舞，居然被他表演得那么逼真。两位青年会干事，出演中西合璧的西厢舞，一位扮作张生，一位扮作红娘；载歌载舞，令人笑得捧腹。十对男女的乡间舞（Virg inia Reel），要算节目当中很精采的一项。大部分参加这项跳舞的人，是当天早上才学会的。扮作女明星的李文初先生，表演了一次单人跳舞。最后张国兴君模仿西班牙斗牛勇士，抖开一床红颤，大舞特舞，博得掌声不少。最苦苦不得这次联艺会的主席，宣布散会的时候，她竟被观众逼着，唱了一曲歌，跳了一回舞。

（八）婚姻问题座谈会

青年男女，当然不会对恋爱和结婚不发生兴趣。壁报编辑部，发出一次表格，请男女会员填写。其中有一项问及"理想中的爱人"，回来的表格，男会员对这项填得特别踊跃，女会员却大都一言不提。偶尔有几位女性，对此题作正面的答复。其中一位说"我爱就爱，不爱就不爱，没有什么理由"，另外一面说"他需带几分骄傲，当然要有可以骄傲的理由"。这两种答案可以说代表女性当中，两种通行的哲学。

接受几位会员的提议，执委决计在跳舞会后一晚，举行一次婚姻问题座谈会。年高德劭的蓝牧师，应了邀请，首先对西洋社会中社交，恋爱，结婚等问题，作了一次综合的叙述。蓝先生以前有过一位外国太太，后来离了婚，爱上一位中国小姐，所以对这方面的经验是很丰富的。在诙谐的演词当中，他发挥了许多关于这方面的真理。他说，男女在一起做朋友，正当的处所，是在家庭中间，借着跳舞场电影馆去会面，是一件反常的事。他又说，在英国社会里，兄弟姊妹，非常亲密。由于这种训练的结果，无论男女，遇见自己家庭以外的异性，并不感觉神秘，因此不致将友谊和恋爱混作一事。许多男女间的关系，止于朋友，有些止于姊妹似的爱。并不是每位碰见的异性，都要当作配偶的对象看。

那晚的讨论，相当踊跃。首先提出的问题，是抗战时期，应不应该结婚。像许多其他重要问题一样，这种讨论，当然得不到结果。后来谈到男女同学间的关系，有人说到，最妥当的办法，是大家踊跃参加工作，以工作为共同目标，同时采取完全坦白的态度，如此则许多不必要的谣言，自然会消灭。

几位年纪较大的领袖们，还没有结婚的，被会员包围，逼着讲他们自己的经验，和所以找不到对象的理由。何永佶先生发表长篇演说，谈到"小狄"为故事，认为结婚不一定要恋爱。李文初先生说，他之所以毕业十年，还没有结婚，大概是因为 technique 太不高明了。

（九）爬山半天

离开观音山前一天，恰巧是礼拜日。正式的程序，已经告毕。利用这天假期，一部分会员结伴出去爬山。从庙后平顶走，沿山脊向北前进。路势起初平坦，右望湖山如画。不久路旅趋上山去。庙的四周，树木保存得不错，稍远却砍伐殆尽，山上只稀疏地略见小云南松。更前将到山顶一带，则又是云南松林。半点钟走到一处峰顶。略停再向前进，路陡趋下山，十分钟到一小片草坪。由此路复大体上趋，向远处一座较高山顶走去。半点多钟以后，山上树木全完，路入石田地带。陡峻的山坡上，深灰色的大块石灰石，到处耸露，仿佛像一种雏形的"石林"。鼓勇前进，最后攀石上爬，又二十分钟，卒抵山顶。由庙到此，已经是十五华里了。据地图上所载，此处的高度，是拔海九千四百英尺；和西山的最高峰，恰巧一点不差。站在山顶，不远的地方，看见有一处正在下雨；一根雨柱，直达天空。

爬山的目的已经达到，在山顶不过休息半小时，便又启程回去。此处山顶，远望看见观音寺的亭子，低低在下。走来的路，似乎过于迂迴。因此改择一径，翻山直去。不料事体不是简单，走了一会儿，便迷了路。陡翻下一座山，同伴多数滑倒。在山脚过溪翻上对面的山，乃归大路。我们几位做前锋的，跑得很快，五十分钟就回到观音寺后山岭的背面。由此继续疾行上山，十二分钟行抵宽平的山脊。快到的一段，山上万少松及油松很多；到脊又全是云南松。自此前进，起初大部份循山边险窄小道，穿松林（中间有万山松不少）走，风景很是幽雅。十分钟以后，便又回到庙中。

（十）惜　别

并不是每位会员，一到就赏识观音山。更不是每一位会员，一到就对夏令会表示满意。可是不管会员们起初的态度如何，临走的那天，都有一点恋恋不舍。八天共同生活，已经把我们在精神上炼成一炉，好些人舍不得走，有许多嫌会期太短了。有一位会员说，时间过得这样快，仿佛像做梦一般。另外一位说，他仿佛就像还没有到观音山来一样，不料会期竟是完了。上船以前，一位会员问我，对她有何临别赠言，结果弄得我好久说不出话来。我想在这种场合下,无论一个人怎样会说话,也会哑哑无言。

无情的轮船,终于在八月五日下午三点半钟,载我们离开观音山,几分钟以后,那可爱的亭子,便从我们的视界中逝去,这次坐在二等舱里,拥挤异常。靠在火舱前坐着,人都快烤熟了。频起的歌声,也不能解我们离别的愁闷。船到大观楼,遇着大雨。在篆塘冒雨取由船运来的行李,全都湿透了。

回到昆明以后,一群活泼的青年男女,被溶解在无情的大都会中,连见面都不易。回忆观音山的八日,不免令人怅惘。对于许多人,这次夏令营的经验,不啻一场 Cinderella 式的梦。

选自《消息》一九四〇年第十三卷第五期

// 参观青年夏令营记

太　和

青年团联大分团，今年在宜良鹅塘镇举办夏令营，日期自九月二日至十日，事在本省，尚属创举，支团部特派员前往参观，以资借镜。当余等到站下车后，即见胸佩有黄布条之郑傅两君，迎来问讯，引导前往。首先印入脑海者为营务当局彬彬有礼，派人远道来迎，途中为谈营务，不觉已行四五里，到山环水绕之鹅塘镇上，居民约三百户，汤池在焉，水温甚高，据云可熟鸡子，穿镇过河，登山数百步，丛林中露房檐角，曰迎仙庵，庵虽陈旧，而风景清幽，实副其名，是即百余青年之夏令营地也。

入其营，居处整洁，男女寝室，会场客厅，消费合作，书报阅览，各有定所。入座休憩，款以合作社自备之青年牌甜浆，清凉解渴，不亚玉液琼浆。继啖宝珠梨，探询营务，及浏览壁上刊布之启事规章。营务组织系于总副干事之下设总务，膳务。会计，学术，合作，康乐六股，另设小组，以总副干事各股及小组代表组营务会议，决定一切。营务偏重康乐，学术两股。康乐股办爬山运动，游泳及水上游戏，球类比赛，晚会，营火会化装歌剧及民众大会等。学术股办座谈会，小组讨论，即席演讲比赛，作文比赛等。竞赛优胜者，除刊布姓名外，列入荣誉席会餐。如有不守纪律及犯随地吐痰，抛物，不佩黄布标识诸事者，则由执法总监罚以鸡子，至少两枚；集少成多，供营友大众饱餐。每次开饭，书写桌号，抽签决定，应坐何桌，借此互相广泛知识。

余等虽系参观者，亦加入抽签，用饭时歌声洋溢，于歌声中互相介绍，更于平时举行认识竞赛，分发表格 ，各将自己所认识营友之姓名，年龄，籍贯及特殊个性分别填明，以所填正确而人数最多者胜。每一种竞赛，皆以全体营友为评判，充分表现民主精神及练习判断能力。消费合作社除廉价供给各种必需品外，并代洗衣服，代办邮务，表现服务精神。每日作息时间：六点起床，六点半升旗早操，七点早餐，八点至十点工作讨论，十点至十二点自由活动，十二点午餐，午后一点至二点午睡，二点至五点户外活动，五点半降旗，六时晚餐，七点至九点晚会，九点半熄灯，自由活动则有说书，耍把戏，排演短剧等出现。户外活动则有爬山，游泳等。生活趣味化，纪律化，劳动化，活泼而守纪律，洒脱而有礼貌，朝气蓬勃。每一营友，皆得自由表现其个性，全体团员，充满亲爱精诚现象，兹事推广，诚可预卜国家之强盛，民族之复兴也。

午餐休息半时许，余等被邀参加户外活动：一群活泼青年，且歌且行，载笑载言，向四面环山，边有田畴之阳宗海滨出发，作康乐运动，被动自动，纷纷下水，有作水球战者，有练习各式游泳者，歌声动四野，银花乱溅。继则合作社携食物到海滨叫卖，于是又纷纷上岸，于草地上坐啖，笑语百出。余等以开车钟点将到，告别诸营友，告别阳宗海，于欢呼声中，翻山越岭，至凤鸣车站上车回省。

选自《云南青年》一九四〇年第一卷第五期

// 我们在抚仙湖畔
——澄江青年夏令营生活片断

中 心

营地巡礼

澄江也像云南其他县份一样，县城建在一块盆地上，不过这块"坝子"的南面是抚仙湖，三面高山，一面临水，这就构成澄江的天然美。我们的营址是旧城大菜地，距县城约五里，借昆华中学初中部学生宿舍做营房。那地方原是菜地，前三年中山大学新建了一院房子做工学院院址，但村人仍叫它大菜地。所谓旧城，是一村名，若干年前的县城建于此，现在却早已没有城市的痕迹了，不过因为从前有中大现有昆中在此，所以村中还相当热闹，有"西法理发室"，也有破酥包子可吃呢！

营房是一所长方形的院子，四面是平房，中间是一块大空场，行升旗礼，晨操，球戏都在这场上，四围的房子就作宿舍，饭厅，中正室，营办公室，游艺室和合作社。

营的位置靠着山脚，东面是一条林木幽森的堤，西面是村。最可爱的是一出营门就看见的隆起的小丘。这小丘像一座别致的围屏，它立在营户和入城的大道之间，碧绿的草地上，有三五间稀疏茅蓬，又长着几块屹立的怪石。傍晚，营友们的时光，便随着歌声笑声，愉快的消磨在堤埂间和小丘上。

我们的阵容

今年的夏令营是西南联大直属分团主办的。支团部也选送了三十几名团员（也有少数非团员）参加，就是××附中，××高职和××女中的同志。当然，营中的联大同学是占绝大多数的。营友的数目是一百二十余，其中约有三分之一非团员，六分之一是女同志；以地域而论，差不多各省及海外侨胞都有，可是大家都非常亲热，像兄弟姊妹一样，营的组织是纯粹自治的，没有军训教官或其他训练员。全营分三中队，九小队，队长都是营友担任。营的活动，除了分团部主任陈先生的指导外，从清洁扫地以至营务决定，一切都是我们自己干，只差没有自动烧火煮饭。昆中的号兵生病，某营友自告奋勇代劳，博得了大伙儿的掌声。

生活日程

夏令营的生活是紧张而又非常愉快的。每天我们有联大各系教授的学术讲演，三民主义研究，座谈会，辩论会，团务讨论，演说竞赛，营火会，歌咏，劳动服务，游泳，爬山，旅行……这些，我怎能一一详述呢？只好记一笔流水账吧：早上五点起床，升旗，精神讲话，晨操，然后吃粥；七点到九点是学术演讲；九至十一是各种讨论会；十一点午饭，饭后歌咏；十二至二午睡，之后便是户外自由活动和康乐活动，到湖边游泳；六时晚餐，晚间又开会，有趣的节目总是在灯光下演出的；九点钟大家到黑甜乡去恢复一天的疲劳。

两个桃子

团结的第一步须彼此有认识。为了加强营友间的情感，每个营友都戴一名条在胸前，忘戴者罚桃子两枚。每天见面，彼此先看对方身上有无名条。于是起床后常听见"两个桃子""两个桃子"的呼声。忘戴条子的朋友，只好忍痛牺牲，到合作社买桃奉送。此外，在吃饭时候也是彼此认识的机会，营里每天都抽签变换饭堂座次，在入营后一周，曾举行个人认识比赛，获胜者几乎认识了全营的人。末后一周，陈主任规定每早上营友见面须举大拇指并呼名互问早安，忘戴名条或不打招呼的又是"两个桃子"，结果合作社生意大为兴隆，曾数度捐款加菜，而营友们也人人熟识了。

《我的恋人》

由营出村向西行半小时，便是媚人的抚仙湖，它像一个青春少妇，悠郁地，诱惑地静卧着，每天，成群结队的男女健儿们，浸沉在湖水中，徘徊于沙滩上，看海景，听波涛，忘了忧愁，忘了悲伤。真的，抚仙湖太美丽了。怎见得？有某同志的大作《我的恋人——抚仙湖》为证：

"远山在模糊的烟云笼罩中，碧波万顷在视线的极端暮霭穹苍合为一体。离开了沙滩，第一次，我轻轻地走入水中，细数着脚下的小石子前进。

湖水慢慢地没过我的脚踝，小腿……一直淹到我的颈子，这（湖水）温柔地抚我，又顽皮地推我。我有点胆怯，但我又是那么欣悦。这样轻轻地随水飘动，不禁有'羽化而登仙'之感。

"天边起了黑云，很快地下起倾盆大雨，湖面好似有数不清的珍珠在打滚，又好似天仙在跳舞，只见无缝的天衣闪烁生光，却看不到她的真面目。雨滴愈来愈大，我吸了一口气沉入水底，眼前立刻展现了另一个世界，绿，绿，绿，四面八方都是透明的绿，看不见风雨，听不见波涛。仰望水面，只觉得是万种星光在蔚蓝的天空中向我眨眼。

"风在呼，湖水在怒吼，她不像往日那般温柔，妩媚，幽静。她全身武装，雄赳赳，气昂昂地向岸边冲击，没有退后，只有向前。浪花向四面飞散，好像她冲冠的怒发。我鼓起勇气躺在水面随波上下，我先觉得是在波涛汹涌的大海中，但颠簸了一回，我又觉得是躺在摇篮中，温暖而且安宁。

"美丽而又不可捉摸的女郎啊！

你永远在我们的怀念中；

即使他日他乡，

我能碰到比你更漂亮的姑娘，

因为，

你是我最初的恋人。"

——节录营中壁报第二期。

全营运动大会

八月二十六日，营中举行运动大会，我们的运动会不是为了选拔人才，也不为了个人出风头，而是为要增进团体精神，提倡康乐活动的。每营友至少须参加一项比赛，最多不得超过三项，各种运动也多是团体性的，合作的，互助的游艺，例如盲目接力，骑马竞赛，三足竞走等是。大会于上午八时开始陆上运动，精彩节目如穿竿跳，穿针竞赛，盲目竞走，吃梨比赛……不及备述。胜利者都有隆重奖品———一枚大梨。

下午一时开始水上运动。经过一个月的练习，男女营友们个个都能下水了。参加比赛者相当踊跃，距离最长的是四百米蛙式，最短的是廿五米的自由式。一群群"浪里白条"扰乱了水晶宫。在抚仙湖上的运动会，也许这是第一次。

宣传日

澄江不仅风景绝佳，气候温和，民俗也很敦厚，地方人士对我们的和蔼，给我们的帮助，使我们非常感激。为了表示谢意，也为了抗建宣传，八月二十七日全营动员扩大宣传。上午，大家忙着写壁报，标语，漫画，歌咏队话剧团也忙着准备。午饭后，九小队分头出发，有的到壮丁自卫队，有的在四乡，有的进城，骚动了整个澄江坝子。

到壮丁自卫队的宣传是值得报告的。圩溪镇上训练着五六百甲级壮丁。可爱呀，纯朴的农民，四十多岁的老伯伯，十五六岁的小弟弟，惊异地带着微笑欢迎我们。他们是穷乡僻壤中调来受训的，背着过时的毛瑟，古旧猎枪，长矛，镖杆，木枪……严肃地学习着"稍息""立正"，准备持干戈以卫社稷。望着他们，我心里涌起无限感触。那些在书斋里埋头歌诉《游击的胜利》的诗人作家们，请到此间来看看，一定可以得到不少"烟士披理纯呢"！

晚间，我们在城内观音阁开游艺会，表演歌剧《打回老家去》，话剧《杨家店》和《高压下》，加上别的一些游艺节目，观众人山人海。想不到澄江民众的欣赏力相当高。许多小朋友在台下叫 Encore，Encore，想来是中山大学在澄江的成绩。

老青年与"高级统一"

联大训导长查勉仲先生老当益壮，此次参加本营，背上自备行李，有马不骑。全营尊之为"老青年"。先生曾演讲一次，题为《十足的做个新中国青年》。关于"十足的""做""十足的做""青年""中国青年""新中国青年"……解释详尽，不厌繁复，营友听讲当以此次印象最深。

公训系主任田伯苍先生，态度和蔼，见人常常带着微笑，每次演讲，必定有一句"高级统一"，闻者大笑，后来田先生要讲"高级统一"尚未出口的时候，营友们就预先笑了。于是"高级统一"便成为田先生的代名词。本营结束前，营中制纪念旗义卖，得款作夏令营纪念徽之用。有某君在一旗上画田先生像，笑容可掬，惟妙惟肖。陈主任亲笔题"高级统一"于其上，竞卖结果以三十五元高价售去。

关于学术演讲，谢谢教授们讲得这样多，哲学，心理，政治，经济，历史，社会，文学，艺术以至人生大问题如青年的求爱，都让我们听得很饱。无疑地，这些宝贵的教训将予我们立身处世以好的影响。

荣誉锦标

营中种种活动，几乎都带着竞赛性，而竞赛的结果，第一名与倒数第一名皆得奖，后者谓之荣誉锦标。例如爬山比赛之殿军二位，一得"金牙闪闪，姗姗来迟"，一得"玉体沉沉，香汗淋淋"的"考语"，皆由某同志捐赠酸梨一枚，儿童泥偶一具为奖，与第一二名优胜者所得相同。又某君及某女士之廿五米游泳比赛，与第一名相距全程之半，亦膺荣誉锦标云。

再见吧！澄江！

抚仙湖的风光是值得留恋的，百多热血青年一月来的团聚使得我们在感情上舍不得分离。但是昆中开课在即，需用宿舍，我们不能延长营期反而提前二日结束。从八月一日到廿九日，整整在抚仙湖畔流连了四星期，每个营友都多少有点改变，至少肤色带着棕褐的健康色。许多营友们增加了体重。别了抚仙湖，我们常带着健康的身心归来。

选自《云南青年》一九四一年十月十日第二卷第五期

// 翠湖小景

郭　朋

　　这是四月上旬的一个日子，早上，天刚一蒙蒙亮。听见隔壁院落里公鸡的鸣声，睡意给一古脑冲散开去，于是披起一件轻薄的外衣，就推开门沿着石阶道走去。

　　翠湖离我的寓所极近，转个弯就是，平常清晨我总要来这儿绕一个圈子，吸点新鲜空气，或者念点书，这样做着似乎已经成了习惯，即是遇着落雨天，也爱在那沿湖被夜雨洗刷得发亮的石板道上，撑把雨伞踽踽的行着，这天像平常一样，只是来得早些，我转下坡，沿路没遇着一个人，从远处望翠湖头顶上轻轻飘着一层薄薄的雾，它的轮廓显得有点迷离，恍惚，天空中的云彩，东一块西一块地凝结着，带着深灰的颜色，夜幕似还未全部消失，空气中显得有点凉意。

　　我先环着湖滨慢慢走着，然后再由一个竖立的石牌坊入口处折进去，两旁绿油的草地上结着颗颗的露珠，刚由睡梦中转醒的雀群，骤然受着脚步声的滋扰，于是纷纷地啁啾着向四边飞散。

说起这个湖，你别真以为它是浩浩渺渺一望无际那样子，它非但不能同太湖或是洞庭湖相提并论的，即是比一个寻常乡间的小河，也还是比不上，实际上说来，它不过是由几条极小的河流组成的，它总共也不过十来丈宽阔，你如其居中从海心亭俯目四眺，于是全湖景致就尽收入你眼底，叫它为湖，在我想也许是因为昆明城里少水的原故，所以碰巧遇到这里有这么块水塘，自然为高原上的景色增美不小，这样虽然离称湖的资格还远，那末也毫无吝惜地将这名字冠在它头上，至于加着一个翠字，照字面上解释，当是指它终年常绿的意思，这点倒是与事实尽不离，昆明本就是个四季常春的地方，自然春日特赋有的鲜绿，就永远成为这山城装点物了。

翠湖位于城西，地势较一般为低，略略凹下，却好成一个坝子，这附近一带多是学校住家区域，房舍都极整齐，有着肃穆之美。从树丛中朝北望，云大会泽院红色的屋顶在绿道的衬托中，正好露一个尖，反过身瞧，则是一排刷着深灰的围墙，这就是 × 校所在地，介乎这两者之间的，则是昆中南北院，现已作为联大校舍，另外艺专也占着一小部，不过这后两者都被前面栉比的房屋遮隐住，实际上视线并接不着。

由于积年市政不修，虽然是这样短窄的河道，然而也有许多处干涸着，上面爬满了龟纹，前几天见报载据说省政府为增进市民身心健康起见，决于最近支拨巨款大事修整，我呆呆望着横在我前面的淤泥，我正幻想着不久修竣后的新面目，突然从我身后响起一阵急遽的脚步声，我转过身，原来是一个粗短工人模样的汉子，他嘴角衔着一支卷叶烟一壁大踏步从我身旁走过，我被这突然的扰乱弄得神情恍惚一阵，先前的沉思被打断了，这我才忆起我来这里，已有好一阵子，我注意瞧，天空已呈现一片蔚蓝色，间或点缀着几片白色的浮云，东方初起的旭日透红灿烂，射到面上，弄得眼睛有点撩乱，这时清晨的霭雾已全都消逝，眼前的一切显得清新，明亮，离我不远处，从树隙中我瞥见两个穿着黄色制服年青学生活泼的脸，他的嘴唇一动一合，似乎在读着什么，静寂中远处军营的号声，悠长地从我耳际飘过，长久长久，它的尾音还在天空中响彻着。

我望着这一切，于是我的心底里愉快地笑了，瞧，这绿荫的夹道，碧蓝得像玉琢成的天穹，——你该会感着异样的满足吧！真的，自从来得这古朴的山城里，它的一切都使人欣喜，我住着从没感着一丝寂寞，我是那样用一种愉快的心情将日子打发过去的，尤其当我遇着这样媚的仲春天气，我的内心更有一层压抑不住的活力，我感觉我全身都变得轻松松，直想要飞了起来。

突然记起了自己肚里空洞洞，一早起来还没吃点东西，适才不注意，倒也不怎样觉得，偶然想起，于是随即踏着濡湿的草径，向来时的路上走去。

约摸十点多钟，今天早起上完两课，觉得时候离午饭还早，这期间本可到图书馆坐一下子，一想那边的人太多，而且太噪，这样，不由自主地，我的脚步又踏着那条熟悉的道儿，朝翠湖走来，这下，朝起的旭日已经爬得很高，满天没一丝儿云，蔚蓝得就像锦鹅绒那样鲜艳，夹着高森的树木，被太阳光照着，从枝叶间的空隙中射出无数细长的光芒，倒映在地上斑斑点点，织成一幅极精致的图案。

　　沐着阳光，信步踱着，最后来到海心亭，这是翠湖公园中间的唯一建筑物，它位于全湖中央，共分两层，以前本作为游人赏玩之地，后来改为茶馆，不久以前，刚刚粉饰过，所以红色的门柱，绿色的窗户，衬托得就更鲜亮，因为时常来，所以那个看门的茶博士，一见到面，老远的就惊呼起来，他是那么一个善良的家伙，平时借着冲茶的机会，他都要搭讪着问些话，我没事时，也爱同他聊一阵子，你别瞧他那付粗鲁相，他懂的玩意真不少呢，好些关于这山城的掌故都是他讲给我听的。

　　本来在这城里，像这样的茶馆多得不可胜计的，它们的设备当视所在区域而有不同，有的有着很讲究的躺椅，有的则不过几条凳，不同的雇主随着自己的经济能力，走向各自以为适合的茶馆，然而不管怎样，他们那股闲情逸致的劲儿并无分别，而所得的享受，也同样认为满足，我现在坐着的茶馆，论设备，只能列居中等，占地不过一楼一底，四周沿栏杆排了好几十张枬子，同好些杂色的板凳，然而因为它位置好，风景美，它也同样拥有众多的顾客，固然住着附近的人欢喜来这儿，即是远居城中心的人们，也时常有特地赶来占他一个整天的。

踏上楼，拣一个迎着阳光的座位坐下，顺便用眼睛向左右飘了飘，仍然是一些熟悉的面孔，来这儿的人，总是这一批，虽然大家并不认识，也从没交谈过，然而视线碰着了，大家总彼此交换个会心的微笑，在山城住着久了点的人，总多少有着这么份质朴，假如你稍微花点心思来分析你周遭的茶客时，这工作对你并不感着有什么困难，你可以很清晰地分辨出来，那些是本地的市民，那些是邻近外省的学生，来这儿光顾的，不管他是属于怎样的身份，大都有一个共同点，大凡结着伴儿来的，那此地是他们聊天最好的去处，他们可以不管天上地上乱谈一起，只要你不是特别直着喉咙怪叫，别人是不会干涉你的，另外，倘使像我这样独个儿来的，那末你可以翻点书，或者做点笔记，周遭清新的空气，会使你忘却身心的疲惫，总之做功课决不比你在图书馆的效率低，或者你没有这副工作的心情，那么横在你眼前的是一幅生动的大自然的画景，再不，你静静地观察你周遭人们脸部的表情，听他们话这山城的动态，对你也是一种解除无聊的办法。

这茶馆选用的茶叶，多系本省普洱产，品质不恶，另外他们还备有许多像花生，白瓜子之类的玩意，照当时的市价算来，普通你坐上半天，泡杯茶，吃几盘花生，合计起来，也顶多不过国币一毛，有烟瘾的朋友还可以向公司要一个竹筒烟杆，呼扯呼扯抽他大半天功夫，正因为这样，住在山城的人，久了就自然而然养成一种坐茶馆之癖的。

因为连着好几天都遭受空袭的原故，所以见面的人，一出口总爱拿警报作话题，瞧今儿这大晴天，十成里稳有九成又得来他一次，自然胆小的朋友，一清早就赶忙着疏散去了，能够还有份闲心思来此地坐茶馆的，已经养成相当镇静本领，其实这也算不得什么，更值不得夸耀，只是见惯了，经验多了，就没有先前那副恐惧劲儿。

　　我望着天，不知怎的，自己也被这个问题缠绕着，我又自忖自己太多虑，我想将自己思路换一个向，可是总仍旧是白费，于是我摊开带来的书，我决心读它一点，可是还没等自己翻上两页，骤然长空中响起一阵汽笛的声音，在寂静的气氛中就更显得凄厉、幽长，自然在这所茶馆里，扰动是免不了的，大家的嘴唇边都齐声溜出了两个字"警报"，有些人开始急慌着下楼，可大部份的茶客仍然在放置桌前仅剩下的茶喝他个干净，这才很镇静地走下去，那个喜多话的茶博士一壁收着茶客的账，一壁噜苏着，×他妈，又是警报，怎个整法！他的话并没有引起别人的注意，人们至多给他轻轻的一瞥。

　　问题横在我眼前的是走向那儿去，我本可加快脚步跑上坡再打从云大后门走出城，这是一般人最主要的疏散捷径，可是我一想前几天虽有警报，总没见飞机，谅今儿也未必会来，这样想着，于是决定还是留在这儿，照理，此地虽有不少隐蔽处，然而究竟不是安全所在，这里是学校和机关汇集的地方，目标不可谓不显著，然而既然决定了，也就不再朝坏处想，我沿着一条窄径穿过一道木桥，于是拣树荫密集的底下坐定，这时翠湖的空气显得相当纷杂，先前那股寂静的味儿，完全给一古脑儿冲散去，沿湖四周马路上，挤着不动的人群，动乱的脚步踏在石板道上发出不连续的节拍，再加上汽车喇叭，尖锐的鸣声和牛群的嘶叫，就更显得噪扰，一切是纷乱着，原有的面目完全给重新翻了个样，他们这些人都假借这离城门最近的捷径向野外走去，他们的神情是那么紧张，现在占领着他们的心思，唯一的就是愈能赶早出城愈好，其他一切都管不上，即连自己的同伴也顾不及，大家都飞快地奔跑着。

等人群渐渐走散，翠湖又恢复到它原有的姿态，适才瞬息的纷扰，就像天边飘着的浮云，一阵风吹过就被击得无影无踪，不留一丝痕迹，谁会想到那四周静悄悄立着的道儿一瞬间前还被无数人践踏过，又想到不久前那尚拥有无数茶客的海心亭如今已是紧紧上了门闩，就像从没有人光顾似的，一切发生得是如此不可使人思议，如今遗留着的，只是一片静寂，静寂得就像落在一个空旷的山谷里，你仔细听，在你头顶上，有几个鸟在吱吱叫着，你想着这一切发生的经过，于是你更感着迷惑了。

离我不远，对面石凳上坐着一对青年夫妇，瞧神情多半是外江佬，那位太太的脸色显得很苍白，嘴角边沉重地喘着气，看样子才跑完好一节路，至于那位男的倒似乎毫不曾被扰乱过，他从它袋掏出一支烟，于是安闲的燃起来，时候一久，于是在我前前后后，我又发现好多张不同的面孔，那位平常老见面的 × 教授也在内，此外这里有学生，有军人，有老太婆，——聚拢起来也包括社会各阶层的份子，最初我奇怪为什么有这么一批人也避到这儿来，继而一想别人也大概怀着同我一样的心思，于是又觉得自己的想头好笑。

空中又响起一声曳长的汽笛，这是紧急警报，大家都屏着气，偌大的山城一闪眼间就像似变为一个死城，一切的活动都暂时停止，你静着听，你嗅不到一些声息，可是这并没能支持好久，骤然像似从你四方都响起巨大的轰响，一切高射炮，高射机关枪部队开始发动了，从树丛中望去，你不时瞧见低飞的咱们神勇飞机，那漆着青天白日的帜徽被太阳光反映着就更显着光彩，于是你的心头多少安了心，你觉得你是在保护的圈子里，又是几分钟过后，从东南角你瞧见一撮黝黑的影子，配着轰然的机声，越来越近，声音也越来越大，你仔细数，恰好一大队，分三排缓缓前进着，这正是那批疯狂惨无人道魔鬼的机群，他们到处肆意投弹，今天又不知多少无辜百姓遭了殃，还没有等你诅咒完，机群已正从你头顶上飞来，这一刹那间，人们心头充满着无限的恐怖和惊骇，试想仅是它一份微薄的礼物，就会马上使你永远化为灰烬，我亲眼瞧见一位上了年纪有着银白发丝的本地妇人，不断地由她那已脱了的齿缝中迸出"作孽"，至于那位下江妇人，则紧紧缩成一团，将头埋在她丈夫的怀里，浑身动颤不止，这时"死亡"的意念，像一阵风钻进每个脑袋，大家眼前只有这短短的一刹那，过去和未来都不复存在，我也在懊悔着今天干吗不也疏散到乡下去，然而总算谢天谢地，那团黑影终于平静地飘过去了，越来越小，终至只留有一个黑点，空中的枪声也愈趋疏淡，终至什么也听不见，天仍是那么一片蔚蓝，是近中午的时分了，太阳直立在头顶上，将影子倒映成只有一点，有些人开始探开头，大家眼光碰着了，于是互换一个真挚的微笑，也便彼此庆祝着，总之，适那间的恐怖是消灭了，人们慢慢聚合，彼此争谈着各人之目击情况，这时湖边一棵大树底下，正立着一个穿草绿制服的航校高班生，自然这是最好的中心，于是围着他，大家慢慢走拢，织成一个半圆圈，多话的人支开了许多话题，自然多是关于空战方面的，我们的未来飞将军于是用着一种解说的姿势开始描画许多他前辈同学们的英勇战迹，听的人满意了，他也想着在这意外的收获，于是他那发光的脸，更显得红了。

飞机虽然走了，可是警报一直仍是没有解除，大家都显得不耐烦，好像时间拖越长，连每秒钟也不容易挨着似的，更讨厌的，是大家肚里都像似闹了慌，本来已是吃午饭的时候呢，再加上这半天站立着，腿部隐隐发酸，一累就更觉着酸得不好受，也算是巧极，不知被谁发现不远树丛下有一个卖零食担子的，这一嚷，于是大家都争先恐后挤了去，一下子所有他本预备贩售一天的食物就一下子完全销个空，这真是桩好买卖，就连我也来了他一碗耳块，时逢此际，就分外觉着味儿美，吃完了还只抱冤没能多吃一点。

时钟慢慢走着，虽然难挨，然而到底听见半空中响起一阵悠长的鸣声，这不似先前那么急促，幽长中更含着安详的味儿，警报解除了，人们开始向四面移动，湖滨马路再一度被人践踏着，翠湖的空气也再度被扰乱着。

　　我慢慢踱回寓所，归途我听见人说，今天南城外落了好些弹，然而死伤极微，同时来机还被击落一架，听见这消息，立刻步伐也便变得轻健起来，这天午饭时，我多吃了一碗。

　　傍晚，从市区访友归来，途中我又经过这怡人的湖滨，西天鲜红的晚霞，衬着那密密绿色的树丛，更有着无限的谐和，四月的风，微微拂着使平静的湖面起着无数涟漪的皱纹，翠湖的晚上是美丽的，在它四周的道儿上，幽闲地蹓着无数年青的情侣，空气里永满着静谧，像轻轻披着一层诗意之纱，我踱过那靠南一片油葱的草地时前面正围好一个圆圈，这是一些华侨机工，每天这时候他们照例由教官率领着到这儿来一次傍晚的游憩，现在圆圈中间，一个最小个儿正做着一个马来妇人的姿势唱出那流行的南国调子，他那在面带熏陶成藜黑的脸，浮出一层疲劳后，安详地笑着，配着他那故意卖弄的歌喉，四周扬起一片欢乐的声浪。

　　一切是浸在一种迷人的气息中，早起逃警报的事在人们脑筋中只留一块空白，那似乎发出得很遥远，遥远得不可使人捉摸，黄昏的暮霭升起了，四周的景色朦朦胧胧，像支起一层轻淡的夜雾，深蓝的天穹上，新升的月芽偷偷地露着一个脸，不远处响起一片宏亮歌声，这正是军校学生野战归来的时候，踏着那弥留空际渐渐冲淡了的尾音，我怀着轻快的心情向归途走去。

// 青云街（滇居随笔）

马文珍

在我还没来昆明之前，得着盛可一封信，那时是二十八年的春天。他说有一夜月色很好，长石的街路教雨洗得非常干净，他一个人慢慢在有月亮的路上走，风吹来花的香，让人感觉到春的温柔，他听到清哀的笛音，听到柔婉的歌声。曲儿唱得曼长疏缓，笛子吹得挺平和。他顺着这声音走去，一直走进别人的院子。等歌声悠然中止之后，他才知道他的荒唐，幸而没被苍头看见。我瞧了这封信，不禁生出一种喜悦之情，对于昆明，乃向往不已。

就是在那一年初冬的一个下午，我来到昆明。我跟着挑夫走过拓东路，走过云津桥，我想着唐宋两朝的文治武功。这叫作鄯阐府的拓东城，是在蒙凤伽异在唐广德初建筑的。明洪武、清乾隆、道光年间，都重造过。但已非唐城之旧了。宋仁宗时，段素兴在云津桥上种的百花青草，与当年傍草依花的艳舞妖歌，如今也只能在想像里，得其仿佛了。我走进丽正门，心中充满了怀古之情。三牌坊雄拙的姿态，路旁朴旧的店铺的门面，都使我久客的心，有如归故里的感觉。我那在北平东单牌楼跟东四牌楼中间的家，现在怎么样了呢？挑夫把我的行李搬进云南服务社，我在一间很干净的小屋里，卸下我的尘劳。

已经是十一月了，天气还是那样暖和。当我洗过身，换了里衣、穿上夹袍，重新到街上去走走的时候，我的喜悦，是无法形容的。黄昏微寒的风，吹着我发热的脸，让人非常舒适。我在文古堂买了建宁太守爨宝子碑，宁州刺史爨龙颜碑。在文雅堂买了一部《滇海虞衡志》，一部《南诏野史》。在五华山房买了一部《滇南山水纲目》跟《燕知草》。我坐在东月楼的窗前，独自斟饮着蒙自的杂果酒，翻阅新得到的书籍，不料竟陶然微有醉意。正义路的盏盏金镫，辉煌照耀，我孑然的朝着五华山走，越走越高，好像是沿着星星的行列，向天上行去。上天，谈何容易，我也不想去，于是一拐，到华山食堂去吃红茶。我点起一袋烟慢慢的吸着，室内暗暗的光，倒合我的意思。我躺在沙发上，打开《燕知草》，看完序，自序，目次，得睹"憔悴行吟迫中年，杜鹃啼罢残英老"之句。窗外的行人，渐见零落，我才觉得有些疲倦。什么怀古的幽情，什么不可形容的喜悦，都轻悄悄的消逝而代以一味凄苦，行旅漂泊的凄苦。

为了作事方便，我搬到龙翔街的宿舍去住。一屋三人。学校的新房子，是在商山寺的西面，离住的所在并不远。据说野园，又名安阜园的吴三桂的别墅，是在这废地荒坟之间。其美人陈圆圆梳妆台的遗址，却在校院里。她的坟墓，在商山寺东边的莲花池附近。有人说新校舍的故地，是永历皇帝的陵园。但是这些旧迹，现在已经没有法子去寻找证据了。我的工作不能算累。所以闲适一如往日。因为是昼短的冬天，我早晨出门时，每每可以看到一湾未沉的残月，淡淡的描在蓝蓝的天上。马路空空的，非常安静。风吹着睡意未褪的眼睛，不冷，可是清凉得很。饭就包在学校里，因此，非的等到黄昏以后，不能回去。那时已有星星亮晶晶的悬在远处了。道旁的树木，落下一片片的黄叶，有虫子唧唧的叫，像是在数着历代的兴亡而作吊古伤今的申诉。我袖着手慢慢往前走，西方的山影，依稀的可以望得见，邨中的灯火点点，微茫的照着隐在寒烟中的往日的豪华。田野的草，是枯了还要绿的，但是我，将要没有一点变化的度过一大串未来的寒苦的日子，以至于衰老，死亡，然后留下一个家室，让他们在贫困中，守着萧然的四壁，想念着我，担当我没受够的磨折而走着我走过的路。

次年春天二月间，我被调到城里去作事，还是住在原来的地方。由西门走到东城根，路相当远，所以我出去得更早，回来得更晚了。早晨城里的街市，卧在一层淡淡的银灰色的烟里，安静得跟城外一样。因为事忙，而且只有我一个人，所以就是假日，也得去看看。但是在星期天的下午，我常常不客气的自动停工，抽闲去走马路。我最喜欢从太河街转到太平桥，然后往西，在宽而直的金碧路上散步。春天下午的阳光，照着干净平整的石路，作浅浅的金黄色。碧苍苍的山影，横在路的尽头。我徘徊在道光九年，布政使王楚堂修建的两座牌坊之间，想着碧鸡的美艳，金马的神骏。这隔着滇池遥遥相望的二山，这面向着面紧紧对峙的两坊，这一片富丽的光彩，从两汉直到当代，永远是辉辉煌煌的照耀着三迤。丽正门的雄健的高楼，望着东西二寺之塔，说唐代的遗风余韵尚有存留，以引起我们对于唐人的高贵，勇武，侠义的精神，追思怀念而用作参考，就在这种怀旧的心情中，我往返的闲步于横在金马坊与碧鸡坊之间的一条路上，衔着那只精致而式样甚老的烟斗，优哉游哉的看"城郭全围夕照红"而玩尽了黄昏。等玉溪街上的小食摊一家一家的都布置适当后，我便选个合适的地方坐下，喝半杯淡淡的市酒，吃一两碗素净的豆花米线。我带着微醺的醉意，踱进万钟街，而南城脚。城墙残缺的黑影围着我，高大的尤伽丽树在小风中轻轻的响。有人在屋里拉胡琴，其声低郁，其调哀楚。这丝丝的柔靡之音，游荡在微寒的春夜里，像一个浮华旧梦，消逝了。可有古代的精灵在这冷僻的街巷里出现？我走出西城脚，穿过蒲草田，向文林街行去。在承华圃旁边，听着从菜海流来的水声，呜咽在监狱门前，冷冷的像一阵急雨，像一串铁链子的抖动，酒意乃醒了一半。也许原来就没醉。我继续往前走，往前走，很清楚的瞧见一个熟悉的身影，越来越近，我闻到淡淡的一阵香。我的肩膀碰着她的肩膀。她说："老马，你又去喝酒哪。"我情不自禁的把手臂放在她的肩膀上，跟她一道往前走，说："那就相扶醉踏落花归罢。"她笑着推开我，说："别装蒜哪。"于是去吃冰糖莲子。

后来我从龙翔街搬到青云街去住。作事的地方，也改在西仓坡，我才像松了一口气似的感到安适。青云街的房子，在五华山的西麓下面一点。提起五华山，谁能不想起永明的故宫，吴氏的私邸来呢？但是比这更早，在宋朝，却是所谓大理国的鄯阐侯高智昇的宅子。现在，则为省政府。高氏曾一度王滇，后来又把王位还给段氏而作他的宰相，人称高国主。段氏的后理国，传八世，凡一百五十七年，高氏与之相始终。在徽宗崇宁二年，智昇的后人高泰运，曾奉表入宋，求得经籍九十六家，药书六十二部，带回云南来。后门外，是古称九龙池的翠湖公园。莲华禅院及沐氏柳营的故址，站在门口，也依稀的可以望见。若是在水长的雨季，一出门，就能划船。夏天的早晨，我常常把椅子搬到后院，坐在那里看水。手里虽然拿了一本书，也不过是装装样子而已。晓风中，有莲的清香，芦苇的细语。鱼在水里呷着，吐出一串串的小泡儿，浮起来，破了。十来个人住在这所房子里，雇一个厨子烧水作饭，大家都很熟，亲切得像一家人。我自己有一间屋子，除了光线差之外，应当说没有毛病。就是这可以算是缺点的光，在我，也认为满意。因为我的眼睛不良于视，而且，我也不是欢喜光彩强烈的人。我的事情，依然很忙。但是在散值之后，站在楼上的走廊前，凭栏抽一袋烟，伸个懒腰，打个呵欠，每每觉得舒适。于是穿翠湖而归宿舍，途中，或到昆华图书馆去看看报，或到湖心亭去看看鱼，或站在燕子桥头看看天，看看雪，看看四围的山色。在有月亮的夜里，我有时也停止了晚间的自修，到外面去走走。我希望能够听到深院中的清歌，可是我没有盛可那么好的耳福，就连碰见熟人一块去吃冰糖莲子的事，也不可多得。话虽如此，我在青云街宿舍中过的日子，还是值得怀念的。

选自《宇宙风》一九四五年第一四〇期

// 飘零小商店

（现设青云街一〇八号）

卢葆华

　　朱阑绿榭，达官贵人之居，辋水华冈，隐士逋客之所。或逃名有故，或行乐无穷，以视夫飘零之生活，迥不侔也。

　　若夫河山破碎，戎马纵横，缠万贯于腰间，谬厕难民之列；陈八珍于案上，居然寓公之名；虽云萍踪。不同蓬梗，若而人者，又安知茫茫尘世，尚有飘零滋味也？

　　华也，才惭咏絮，命薄如化，慨身世之颠连，值五洲之屠杀，来自江左，寄住滇南，历万里之烽烟，备经危险，剩半肩之行李，都是残书，虽避难不止一人，流亡更多俦侣，而芸芸众生，黄花憔悴，鲜有如华者矣。

　　堂前母老，甘旨之奉萦心；膝下诸孤，教育之费在念，无一钱于囊底，集万虑于孤怀，况复薪桂米珠，充饥安能煮石；薜裳荔带，御寒胡以裁衣？百样挣扎，四时不遑，苦雨凄风，足骈手胝，欣爱琴书，无暇翻阅，乃滥竽讲席，稍获薪水之资，设帐兰闺，偶希束修之馔，学习写作，聊精神，惟寄是白米红盐，断炊是惧。租屋赁舍，入不敷出，于是步尘当炉，岂有相如之事？此飘零小商店之所由创也。

然而蝇头逐利，怕遗威尼士商人之讥，蜗庐食贫，那有范大夫致富之想。品类虽云简陋，价格力求低廉。态度谦和，岂同腹贾之倚傲，崇尚真实，大异市侩之卑污，此则本店之宗旨，堪以奉告于社会者也。

今所售者，杂志新书，多承联大教授及男女学生寄售诸物，与夫文具之类，茶糖酒炭之属，皆日常生活所需。与货锦绣者不同，较售珍错者更异。提倡奢侈，自有人在，寄迹风尘，无妨在我，是则侬家莫愁，生来辛苦，漫漫长夜，知我其谁？窃又不必求人知也。

华雅不欲言而又不能不言者：磨墨恨积，剪纸愁多。不学无能，匆匆半生。责重身孤，焉能坐视？什一之谋，原非得已，待藐藐三子，学成报国，则我四为一体——余以母而兼父，兼师，兼仆——之责已尽，牺牲小我，完成大我之愿已偿，即悄然隐于松阴之麓，或海涛之滨，种梅莳花，温青忘年，摊书玩字，消遣余生，揽明月以抒怀，挹清风以洗耳。斯时也，大地一切，不为我有，飘零小商店，早付于无何有之乡，飘零云夫哉？商店云乎哉！

选自《大观楼旬刊》一九四四年一月十日第三卷第一期，作者系联大外文系从军学子卢绍华的母亲（她曾在卢绍华从军期间为之写多首旧体诗），作者所设飘零小商店系联大师生寄售物品之"专卖店"

// 西南联大与社会学系

陈　达

轰炸机下读书声（二九、十二、三）

昆明北门外联大新校舍一八甲教室内，学生络续来到，准备上人口问题课，时为晨十时三十五分。忽闻空袭警报。有人提议到郊外躲警报兼上课，余欣然从之。向北行，偏西，过苏家塘及黄土坡，见小山充满树林，前面海源寺在望，此地离北门约六里。学生十一人即在树林中坐下，各人拿出笔记本，余找得一泥坟坐下，讲 C.Gini 氏及 R.Pearl 与 A.M.Carr Saunders 氏的人口理论，历一小时半有余。阳光颇大，无风。在旷野树林中，烈日下讲学，大家认为难得的机会。其他疏散人等，路过此地，亦站片刻听讲。有些人是好奇，有些男女乡人，更不知其所以然。小贩吆唤声，叫卖糖果与点心，稍稍扰乱思路，不然，此露天学校可以调济屋内上课的机械生活与沈闷。

社会学系毕业生（三一、六、二十）

本届本系毕业生十三人，姓名列后：游补钧、游凌霄、孙观华、袁方、胡庆钧、黎宗献、张征东、周颜玉、邝文宝、徐泽物、张犖群、李仲民、梁树权。各人毕业论文如下。

胡庆钧：《中国旧节之初步分析》[从书本上搜集材料，仿佛是史学家的工作。至于社会学者所应注意之点，仅偶尔提到。火把节（六月二十四日）的叙述比较是有系统的]。余论：（1）正月节，（2）三月节，（3）立夏节，（4）端阳节，（5）七月节，（6）中秋节，（7）重阳节，（8）腊月节。

游凌霄：《昆明妇女消闲生活之调查》（用调查表，并用谈话方式搜集材料。范围太广，叙述太简，像是新闻记者的工作）。

梁树权：《昆明招贴之研究》（是新颖而饶有趣味的题目，但所下工夫不深。门联一类所搜集者十分之九属于商店，因此是很容易的，余为住家及自由职业者。理发店联云：既入头无丝毫之不尽；即洗耳有消息之可听。茶馆联云：劳人草草偷闲坐，世事茫茫信口谈。）

周颜玉：《一个关于使女的研究》（访问昆明市内外使女八十人，每一次谈话所记不多，约自一五〇字至七〇〇字；有许多是浮面话，有许多是重复的事实。这个研究不可采用访问

法，不可注重访问的次数，或被访问者的人数，应注重研究者
与被研究者相识的程度，相识愈久，愈能得到亲密的材料，否
则被访问者不肯吐实。因此调查员应以友谊的态度，和被调查
者接近，久而久之，可于谈话中不着痕迹的得到可靠的材料。
这样材料，被调查者在平常是不肯告诉人的，并为避免主人的
虐待，亦不敢公开告诉人的）。

张征东:《大学男生的婚姻生活研究》（大学男生结婚的年
龄，平均为二二岁，女生约小两岁。本研究采用调查表，问题
分婚姻背景、婚后生活及婚姻态度三大类，共约六十题。问题
表发出二〇〇，收回一四八，可用者一〇〇份。有些由研究
者填好，大部由被调查者自填。按所列的问题言，数目太大
是显然的缺点。按性质言，列入些不重要的问题，这些反使
重要的问题受了不良的影响。本问题对于个人有极亲密的关
系，用普通的问题表，得不着有趣而可靠的材料。）

邝文宝:《妇女婚姻生活调查》（和张征东所用的表格是
一样的，但本文专分析女子的婚姻生活。分析简短，解释嫌
不充分。）

李仲民:《联大男生婚姻态度的研究》（采用问题表，所列
问题，和前述二人有不同处。作者对于每个问题有琐碎的叙
述，无系统的总结。本问题的研究，不能如此机械式的。）

徐泽物:《空袭与昆明社会》（作者费了相当长的时间，搜
集了不少材料；惜乎本文的内容，似乎是新闻记者的工作。据
报告，自民国二九年五月二日至三〇年一二月二四日昆明共有

预行警报九五次，空袭警报七二次，紧急警报五二次。在前述警报中，自空袭至解除，共约三〇〇小时，这是全市人民的间接损失。以联大学生论，如每人每学期选读四〇学分，每周上课二〇次，每次四〇分钟，逃警报所费时间，约等于二三周的上课时间或一个半学期。）防空司令部关于警报各种损失，有下列的统计（略）。

孙观华：《江苏无锡的婚丧礼俗》[婚姻礼仪如下：（甲）订婚，（乙）结婚，（丙）童养媳，（丁）续弦，（戊）冲喜，（己）冥婚，（庚）再醮。所谓冲喜是指早已订婚，遇公婆病危时替儿子结婚，俗称冲喜，礼节与平常婚姻同。又遇未婚夫病危，亦可冲喜，拜堂时夫姊或妹代行礼并代入洞房过花烛之夜（是夜必需二人同睡）。不幸夫死，新娘往往守寡终身。冥婚概况如下：凡自幼订婚，未婚前一方死去，可以冥婚，如未婚妻死去，未婚夫按女婿穿孝送殡，棺前有红轿（魂轿）内置死者牌位。未婚夫行于轿旁，送到坟上，红轿子撤去。夫抱木主返夫家，置木主于家祠。以后夫娶时只能续弦。无锡丧葬的情况如下：(甲)断气时的处置，（乙）开吊，（丙）七期，（丁）入葬，（戊）修坟及上坟，（己）寿衣素棺，（庚）丧服，（辛）冥寿。]

袁方：《昆明市之都市化》[第一部：昆明市之都市化背境，第二部：昆明市之都市化过程，（1）社会解组，（2）行会（手艺人概况，行会的演变），（3）人口流动，（4）论都市化吸收农村人口，（5）都市化与乡村社区。本文最费工失处在手工业行会的调查与分析，自手工业者改行的观点，研究都市化的进行。其次对于昆明市引诱乡村人口的问题，亦有相当的分析。]

社会学系本届毕业生（三一、七、二七）

毕业生成绩审查委员会，此次抱严格态度，经审查后，认为下列五人本届不能毕业，李仲民、游补钧、游凌霄、周颜玉、梁树权。余反复解释，前三人谅无问题，后两人因缺公共必修课，恐难毕业。教育部于民国二十七年颁布大学科目表，内分公共必修，及各系必修科目。今年毕业级正值该法令实行期。去年十月二十二日，毕业生成绩审查委员会曾与系主任开联席会议，详讨此事。惜余是时在重庆，致未接洽。本系毕业生向来未发生若何问题。抗战以前，每届毕业人数较少，对于每人又严格审查。抗战以后余鉴于学生求学之艰难，稍事宽容，但每届毕业时，亦无问题，因尚未严格施行部颁章程。今年校方因首次施行部章，本系有两人恐难照章毕业。注：后经余与梅月涵教务长说明情形后此两人亦准毕业。

劳工问题讲义大纲（三一、九、九）

余自民国十五年起，将劳工问题自立一课，为一学期功课；自十八年起改为全学年功课。授课时随时搜集材料。余读书时总有笔记，出外调查时亦作笔记。各种笔记甚多，年年有增加者。自余授劳工问题一课以来，下列数事是重要的事实：

（1）余于民国十八年，印行《中国劳工问题》一书（商务）内中包括余历年所研究的一部份。

（2）余于民国十四年及十八年，曾两次游华南（闽粤）搜集关于我国工人运动的材抖。

（3）余于民国十八年冬及十九年春，往夏威夷大学讲学，讨论我国社会变迁及工业劳工问题；归国时在日本及朝鲜短住，研究其劳工问题。

（4）余于民国二十年五月至八月，在上海（及无锡）研究我国工厂法。

（6）余于民国二三至二四年游南洋，搜集我国海外契约工人的材料，民国二四至二五年游欧，搜集一般劳工问题材料，特别注意德意及苏联。

近年来余对于劳工问题一课，每年增加材料，修改内容。手头尚有旧讲义大纲一份，民国一九年至二十年度所用，当时称社会人类学系。此大纲分三编（问题的分析，劳资协调，劳工运动）共十九章，用报纸、铅印、共二十五面。此外尚有列年的笔记，共计五四四面。这些笔记大概用钢笔写，用笔记本，大多数仅抄一面，间亦有抄两面者。

余的讲义大纲，随时修改，内容亦时有增减及修改。今年暑假在呈贡又从事修改。计自八月二十日开始至九月九日，共修改二十一章：章名列下：（一）劳动者的演化，（二）劳力的性质，（三）工业革命，（四）工资与工资学说，（五）生活程度，（六）工作时间，（七）童工与女工，（八）灾害与疾病，

（九）工人流动与失业，（一〇）劳资争议，（一一）劳资协调，（一二）劳动者的组织，（一三）劳工法规，（一四）劳工检查，（一五）社会保险，（一六）国际劳工保护，（一七）净利的分润与股票的购置，（一八）工人代表制与劳资合作制，（一九）科学管理与工业合理化，（二〇）人事管理，（二一）合作。尚有关于劳工运动部份，尚须继续修改。

社会学系学生读书报告（三二、一、七）

自抗战以来，大学生的英文程度愈见降低，其主因有二：（1）中学的程度在军事期间渐形降低。（2）大学一年级生因书籍缺乏，空袭频仍而课业欠严。余对于提高本系学生英文程度用两种办法：（1）强迫学生选修大学二年级英文，（2）劝学生多读英文。余所授人口及劳工两课，每人于上学期须讲英文至少三百面。并须作笔记。自民国二十七年起实行，成绩尚佳。今年两班笔记，余方于前星期阅毕，劳工班有法律系学生两人，所作笔记，十分之九雷同，显系抄袭。

社会学系系会（三二、一、十三）

本系全体教授出席，计有下列各位：陈序经、潘光旦、吴泽霖、李景汉、陶云逵、李树青。主要议决案如下：

（一）由清华拨来研究院设备费一万五千元，指定一万三千元为社会学博物馆购置费，保留二千元作为他种费用。

（二）致函联大常委会，至本年六月止，请拨参观调查费二千元。

（三）由余函张鸿钧兄，询社会部所允补助费二万元事。

（四）毕业生论文，定为由三年级下学期开始至四年级上学期终时完成。

社会学社年会（三二、二、十一）

去年社会部在渝举行社会行政会议时，中国社会学社出席社员，议决于重庆成都昆明分别举行第七次年会。昆明分社乃于二月一日及二日在云南大学举行年会。宣读论文者有：（1）潘光旦《工与中国文化》，（2）李景汉《战后农村问题》，（3）吴泽霖《战后边疆建设》等（余见论文摘要，但须增苏汝江《中国平均人寿的推测》及李舜英《我国物价指数形式之研究》。余读论文一篇题曰《战后人口政策的商榷》，并领导讨论《战后社会建设讨论纲要》，此纲要由重庆拟定，分寄成都与昆明，作为讨论时的依据，内容包括：（1）社会组织，（2）社会福利，（3）社会服务，（4）社会运动四项。

社会处限制工资办法（三二、二、二六）

社会部为加强限制物价案，在本省昆明市举办限制工资事。自今年一月起，聘余为社会处顾问，主持工资调查。余自一月二十五日以来，规划此事，已拟：（1）昆明市手艺工人工资调查表，（2）昆明市县工厂工人工资调查表。约定社会系同学十人为调查委员，以七人调查手工业，三人调查工厂，由社会处加委，已于二月二十四日开始调查。关于此事余与社会处社会福利科孟立人科长已商量四次，与同学业已开会五次。

旭都往昆明就学（三二、三、二十）

国立华侨中学呈贡分校，近与国立中山中学合并，拟在昆明开学，但计划尚未定妥。旭都事前因拟投考西南联大附属中学高中二年级下学期。十五日发榜，已蒙录取。昨日旭都收拾行李书籍，坐午车入昆。学校允许试读一个月，如及格可肄业于二年级。旭都从前肄业于清华成志小学时，有同学沈鸣谦、张德华及萧庆年，俱随其父母因抗战而来滇，现仍为同校同学。但前述三人，皆降一年。如旭都在二年级肄业，和在成志小学时年级相符，不致降级。

旭都往昆明就学系第一次离家，余夫妇俱觉清冷。其胞兄旭人曾于成志小学毕业后考入求实中学，该校在北平安定门内，亦是常在校住宿的。当时我们住清华西园，逢星期六或旭人回家，或余夫妇入城。呈贡离省虽近，交通不便，旭都恐无时常返家的机会。

旭都考入联大附中（三二、十、十五）

旭都于今春入联大附中为试读生，暑假中参加入学考试，蒙录取为高中六年生。十月十日余陪旭都坐滇越火车（近因我国与维琪政府绝交，此路已收归国有）往昆明。票价三十一圆。车兜增加，乘客称便。昆明下车后挑行李至北门内文林街昆华中学宿舍，四十五圆。余与旭都在小饭馆吃饭，每次每人点一菜，两人共用一清汤，饭费每人约三十五圆。本系研究生戴振东有房一间，不用，余商准借给旭都，以便读书就寝及安置用物，联大附中对于市外学生保留宿舍，但每屋住十六人，上下床，各人无桌椅，置物不便。旭都可在校中包饭，每月七百圆，自十六日开始，十日起上课。旭都在上海时（民国二十七年）我家寓赫德路，往北四川路青年会中学作通学生，早出晚归。此次考入联大附中，当在外常期住宿。

余近住于北门街四五号宿舍，但于十月一日起，搬入北门街七一号宿舍，房间甚小，惟光线颇好，一人住宿无不方便之处，房租每月四十五圆，外加炭、电及开水费。用冷水洗脸。

交友与恋爱（三二、五、七）

五月三日晚，社会系同学举行交友与恋爱讨论会，参加者约二百人，足见他系同学对于本问题深感兴趣。会场发言时，有些人自认联大的社交有不正常处，一部份女同学认男同学为"危险"，有些男同学，交女友的主要目的在求婚，如不能达此目的时，对于异性的友谊立时中断。余以为此种讨论，很可以指示青年人思想的倾向，深望一年生指导委员会对此特别注意。

社会学系本届毕业同学欢送会（三二、五、二十六）

余在该会的演辞以治学方法为题，略谓有些天生的学者。其治学方法是不可以学的，有些学者的治学方法是科学的，是可以学的。先说我国的学者，如梁任公先生，余初在清华任教时，主编《清华学报》，适思永世兄在班上课，一日请转向任公先生投稿，二日后即以《清代学风的地理分布》一文见惠，此文有人名、地名、书名及著作出版年月数百种，但任公先生全凭记忆写出，此因其天生记忆力甚强，他人不能学。那时校中尚有大师王静安先生，曾任清宣统帝太师，亦曾向学报投稿，就中《鞑靼考》一篇，关于搜集材料，王先生曾读完辽金元三朝正史，及有关著作，凡关于鞑靼的记载俱有笔记抄出，此种方法我们可以学习。其次余又说到，英国社会学者二人，一为斯宾塞尔。他是天生的大思想家，平素不常读书，健康又不好，但其综合哲学，是近代社会思想的巨著之一。对于这种学问我们实无可学的方法。其二便是新近死去的韦白夫人，她自九岁时就开始学习作日记，喜欢作文，遇到所见所闻，或与人谈话时视为值得记录者俱作笔记，她的笔记是用活叶的，以便整理材料时，可以按日期按题目将笔记反覆排列，以期看出线索、因果或结论等。例如韦白夫妇已著《工会主义史》，但未在书内叙述工会主义的理论，后将活叶笔记重新排列，才看出此种缺漏，乃于四年后在《工业共和》一书内补述工会主义的理论。此种治学方法我们可以学亦应当学。

民国三二年夏社会系毕业生论文（三二、七、六）

陈誉：《茨厂劳工》（昆明县茨坝中央机器厂）。

沈瑶华、常绍美：《昆明纱厂与劳工》（裕滇）。

陈道良：《云南纺织厂劳工调查》。

萧远浚：《昆明市二一个商业同业公会的研究》（堆店业、饴糖业、牛羊乳业、牛肉食馆业、沐浴业、猪毛业、糕饼业、茶社、旅社、京果、海味、酱菜。）

全慰天：《昆明二七个同业公会之研究》（手工业工会如金银、金箔、象牙刊刻、文具、笔墨、裱画、屏联、木器、皮箱、皮鞍。）

白先猷：《昆明市二六个同业公会的研究》（服用品业如成衣、鞋棉絮、估衣、皮革、布匹、帽、斗笠、颜料、顾绣、新衣等。）

虞佩曹：《昆明市离婚案件之分析》（由地方法院得一〇〇案，包括民国三十年及三十一年。）

朱鸿恩:《昆明市十六个职业工会之研究》:（一）由行会演变者如运输业、刊刻业、木器业、各职业工会，（二）实为同业公会的职工会如建筑、花璃、木业、卷烟业、棉纺织业、沐浴业等，（三）不纯粹的职工会如缝纫、汽车、人力车等。

廖宝昀:《（昆明市）社会救济事业之研究》:（一）姙妇，（二）婴儿，（三）儿童，（四）老人，（五）埋葬，（六）疾病，（七）残废，（八）犯罪，（九）饥寒，（一○）沦陷区难民，（一一）国外侨胞，（一二）空袭，（一三）抗战军人家属，（一四）节妇。

刘懋修:《联大同学消闲生活调查》。

赖才澄:《（昆明县）大普吉农村社会实况及其问题》。

徐先伟:《（路南县）尾则夷族之生活概况》。

研究生考试（三二、十一、十三）

社会学系自成立以来，仅有研究生一人即费孝通，于毕业后赴英习人类学，中日战起，毕业归国，在云南大学社会学系任教。两年半前本系研究院恢复，戴振东入院专修人口问题，十一月十日举行口试得八一·三分，此为第二研究生。戴君毕业于大夏大学，抗战后在贵阳肄业，时吴泽霖兄在彼任教。

留英庚款第八届考试（三三、六、一）

留英庚款第八届考试学门十八，总额三十名，已于今年二月间举行考试，内法律门二名，一属于行政法组，一属于劳工法组。余被约任劳工法命题及阅卷委员。应考者共十二人，余共出六题，今日已将各题阅毕，因成绩恶劣，将各卷各加十分。其结果及格者仅两人，最高者得六十五分，其次得六十分，余十人俱不及格，最少者仅得十八分。所得印象颇坏，以为大多数应考学生，似未曾读过劳工法一类的书。或虽已选习关于劳工问题的课程，但未了解其基本内容。成绩如此恶劣，实出乎意想之外。

云南选县社会行政研究（三四、二、十二）

民国三十一年秋，当社会部在渝举行全国社会行政会议时，余曾向谷叔常部长建议，谓该部可以委托西南联大社会学系同人，研究滇省社会问题，供该部的参考。谷部长表示同意，次年春，部方与同人互商结果，决定工作如下：（1）李景汉兄担任昆明市的研究，（2）吴泽霖兄担任云南少数民族的研究，（3）余担任滇省选县社会行政的研究。随后余即选定昆明县昆阳县及呈贡县为研究范围。其调查工作亦于民国三十二年六月开始，调查完毕，组织材料，成五章：（一）曰社会行政

与社会福利,（二）曰农民生活,（三）曰合作事业,（四）曰
劳工事业,（五）曰结论。共四六二面，全稿于今日挂号寄奉
谷叔常部长。今日为旧历除夕，对于此种工作的完成，余认为
了一大愿，甚觉愉快。

　　　　　选自《浪迹十年》，陈达著，商务印书馆一九四六年十月版

// 联大社会学系近貌

蔚　天

　　联大是由清华北大南开三大学联合组织成功的。可是过去只有清华大学有社会学系，而现在联大社会学系的工作人员，也全是清华的。所以，我们很可以把它看为清华的社会学系。

　　联大八年中，社会学系初两年只是文学院历史学系中的一组。后来在陈达先生主持下渐渐独立出来，但仍属于文学院。民国三十一年，本系又依照教育部令改隶于法学院。从此，它遂一天比一天长大起来。

　　起初，全系只有四十三个学生，还不及本校经济学系的十分之一。今年，全系已增加到八十八个学生，当然也不及经济学系多，但比七年前刚好长大了一倍。

　　陈达先生是中国社会学界的老前辈。老前辈当然是上了年纪的人，而陈先生同时又主持清华大学国情普查研究所，所以不愿兼顾系务。迫不得已，潘光旦先生才于民国三十二年允许出任本系系主任。三年来，潘先生虽然为陈先生分了许多劳，可是自己又要负责联大教务，又要教课，又要主持本系研究工作及其他事务，的确非常辛苦。潘先生常说："只有吴景超先生赶快回来才好"。

过去，吴文藻，陶云逵，李景汉，李树青，瞿同祖诸先生，都曾先后充任本系教授。吴先生教普通人类学，陶先生教体质人类学及西南边疆社会，李景汉先生则负责社会研究法及社会调查等课程。上述三位先生都是中国有名的社会学家。至于李树青先生与瞿先生，则是中国社会学界的新进；然而李先生的社会变迁社会制度乡村社会学和瞿先生的中国社会史等课程，都非常实在。不幸陶先生已于民国三十三年春在昆明病逝。吴先生则去四川，两位李先生和瞿先生也先后赴美国从事研究工作。这使本系减色不少。

现在系中的教授，除潘光旦先生外，还有陈达吴泽霖费孝通诸先生。陈序经先生是联大法学院长，也在本系担任文化论及华侨问题两种课程。潘先生是中国优生学派社会学家，每年除讲授优生学及家庭问题，还负责中国社会思想及西洋社会思想两必修课程。潘先生的课程，有一贯的观点和分析，学者非常容易接受。潘先生常说："在完满的社会中，个人的通性，个性，性别三方面及社会的社会秩序，文化发展与种族绵延三方面，都必须得其平衡，否则这社会是不完满的"。潘先生讲授时，就拿这两纲六目的尺度来评价任何社会学说理论及问题。陈先生是中国劳工问题专家。他的人口问题，劳工问题，社会研究法，社会调查等课程，是每年都有的。吴先生是心理学派社会学家，于民国三十年由大夏大学来联大时，曾教授犯罪学一年，近几年来则负责人类学及社会学原理两课程，今春又加开社会心理一学期。吴先生讲书时条目清楚，对于初学的人很有益处。费先生是功能学派的社会学家，现在一面主持云南大学社会学系，一方面在本系担任社会制度，农村社会学，社区研究，社会变迁，文化人类学等课程。系中学生都称赞费先生丰富的精力。

凡入本系学习社会学的人，必须选修的课程中有普通生物学，社会学原理，社会机关参观，社会调查四门功课。前两种最难融会贯通，后两者则最费时间和精力。这使进入本系的新生感到最大的威胁。又社会学的领域非常宽广，如不努力，四年中也许不会摸着边际。本系毕业生大都有如此之感。

关于系中研究工作：去年有昆明市贫穷调查，材料已经收齐，现正由张犖群先生分析整理中。今年又有昆明市家庭与婚姻调查，是袁方先生负责指导的。至于昆明市经济政治教育宗教等其他各方面的材料，近年也分批收集了很多，预备回北平后加以整理，写成《蜕变中的昆明社会》一书。这是陈达老先生的计划。

社会学曾经有一度叫做交际学。研究社会学的人是否都善于交际，我不敢断定。至少本系师生间的关系是比较密切的，这也许与人数不多有点关系吧？本系每年举行迎新会及欢送会各一次，全系师生都参加，说说笑笑，像一家人。此外如演讲，专题讨论，参观社会机关，远足及集体观电影等团体活动，也常常举行。这活动均是学生所组织的社会学会主办的，明白联大情形的人，大都认为社会学系是最活动的一系。

选自《社会工作通讯》一九四六年第三卷第三期

// 腾冲水力测勘记

粟翼寰

　　今年春，腾冲士绅欲利用该县叠水河瀑布建设水力发电厂建议于云南全省经济委员会，经委会嘉其请，遂敦聘国立西南联合大学工学院长兼资源委员会云南省水力发电勘测队指导工程师施嘉炀先生主持其事。及七月，学校放暑假，施先生乃遣余与同学陈其亨廖仲周二君，先往该县调查叠水河水力情况，并测量两岸详细情形，以便为设计厂渠之根据，余等因有腾冲之行。

留下关一月　测洱河水力

　　余等于六月二十八日由昆明乘滇缅公路局客车启行，以车辆时生障碍，路上耽搁一日，三十日晚始抵下关。即宿滇缅路局招待所，因顺便勘测洱河一带水力情形，留下关工作过一月之久。

　　洱河为洱海之出口，经下关至漾濞与漾濞江汇流而归于澜沧江。下关黑龙桥河面宽八十公尺，水深平均一公尺左右，由本年七月十五日所测之结果，知高水时期流量约为 40C. M.S.（每秒钟立方公尺数）；自黑龙桥而下西行约五百公尺，水流始急，河床亦渐狭窄，仅及三十公尺，坡降在 0.7% 上下；再行二公里至天生桥，河在两山深谷间穿过，形势极为险要，相传汉诸葛武侯征蛮时，四擒蛮王孟获于此，为点苍山之最低缺口处，西南气流多由此吹入大理平原，造成下关多风原因。谷中最狭处仅三公尺，两岸有巨石突出相接，形如一桥，人可跨越而过，故名曰天生桥。河水由桥底深谷间流过，初以为如此峡谷，水流必极湍急，孰知其流反较上下游为缓，约为 1.5m/sec. 想见其河底必有深渊，否则即两岸石崖下必有较大空隙。再前三百公尺，水中巨石突起，使水翻腾奔跃，水沫喷起如雪花，石前河水下跌深至八九公尺，遥视颇为壮观，土人呼为不谢梅，以其终年有白花也。人以其为跌水，水力必伟，前曾由地方人士延西门子公司人员勘察，计划发电，以经费缺乏，未获结果。近资源委员会拟于该处建立一小型发电厂，以供大理下关凤仪漾濞四处电流，拟建电厂区域附近之详细地形图，已由余等测得，当地人士望眼欲穿之水电厂，不久即可动工修筑矣。

　　由天生桥下溯三公里，水流尽在谷底石床间倾泻，下行水中乱石嶙峋，激水成浪，滚翻映耀，平顺处则又一泓碧水，异常豁目；河身弯曲，蜿蜒趋西南流水面宽自二十至四十公尺不等，坡降约在 2% 以上，河两岸壁多峻急，但倾度均匀，平地绝少。山峦起伏，树木郁葱，间有悬泉瀑布，飞嗽其间，风景殊为幽美。右岸高出水面约三十公尺，滇缅公路在焉。左岸则有旧日驿道，不时仍闻鸾铃响亮其间。沿河地质，左岸多紫色泥崖，右岸多花岗石，石块巨大，纹理细密，质亦坚固，现在公路所用之拱桥、涵洞，及附近村舍建筑石料，均系就地采取，至为方便，溯河下行十公里，至铁索桥，俗称四十里桥，西距漾濞四十华里，又称链子桥，系用铁索八根系两岸间，上覆木板，以渡人马；桥长十八公尺，宽 3.6 公尺。桥下水面高度为一五七〇公尺低于下关水面 400 公尺，再前六公里，至平坡，洱河与漾濞江汇流而入于澜沧江；汇流处宽约二十公尺，平均水深 1 公尺，水面高程一三八〇公尺，计低于下关水面六百公尺，两地水平距离为 21.5 公里，故总平均水面坡降达 3.0%，水力蕴藏之富，殊属骇人。

保山十日游　拜谒武侯祠

迄七月二十八日，余等在下关工作，已全部完毕，适服务于红十字会医药运输队之同学张君来招待所，谓有运输车几辆将空放保山，余等遂携仪器行李继续西进，当经过永平，三十日下午抵保山城，仍下榻公路局招待所，该所系滇缅路局委托中国旅行社所办，设城北太保山上，为玉皇阁旧址，风景幽美，树木畅茂，有翠微楼，凭轩可鸟瞰保山平原，为保山十八景之一；故昔人饮宴，多假该处，现招待所仍用为餐厅。综计滇缅路招待所，应以此处风景为佳矣。

余等留保山凡十日，得因于闲暇时遍游览各处名胜学校，登太保山，谒武侯祠，过龙泉桥，临易罗池，尝涌珠泉，履梨花坞，游石华洞，游腾冲会馆，又承当地人士殷勤招待，得参观国立华侨中学、省立保山师范与县立中小学各学校，睹边陲教育之日益进步，实令人兴奋无已，而美景怡人，赏心悦目，胸襟一旷。

遵腾保古道　乘滑竿长征

由保山西至腾冲，尚无汽车可通；当滇缅公路修筑时，保山以西，原有南线北线两计划：南线，即由保山折西南行，经龙陵、芒市、遮放、畹町以入缅境而通腊戍。北线，即由保山西行，循腾保古道以达腾冲，经莲山以通缅属八莫。以气候及商务论，此线较优，唯当时南线所属芒市遮放一带，因当地土司已筑有一段车路，当局为节省经费起见，利用该路，遂决采用南线计划，腾冲人士，曾因此力争，终无效果。近闻腾冲士绅，以便利交通，为发展百业要图，而沟通边陲，尤为增强国防先著，业已商得保山人士同意，决由两县民众，自动筹款，修筑腾保公路，该项工程，闻已开始数月，成绩颇佳，近因时值农忙，又逢雨季，故已暂停工作，预计八月中秋左右，又可继续开工，若无特殊困难发生，则一年后，孔道可通，不独腾保间之商务将因此益众繁盛，即外地人士之来腾冲者，亦可无复连日跋涉之苦矣。

基于上述，故余等此次由保入腾，以乘滑竿循腾保古道西行，腾保两地咸为我国边陲绝徼之区，其间横亘怒山及高黎贡两大山脉，分为潞江及龙川江之分水岭，地势险峻，小道盘旋上下于高山深谷茂林旷地间，跋涉极为艰苦；余由地图量得两县间之直线距离仅一五〇里，而实际所行旅程达三百余里之多，其曲折情形，可以想见。由保山乘滑竿启程赴腾冲，需时四日，第一日行七十里，午饭冷水箐，夜宿蒲缥邑。第二日行九十里，越怒山，过潞江，晚宿高黎贡山之老寨，全路行程以此日为最长最苦。第三日晨发老寨，午饭于高黎贡山巅之平河村，下越龙川江，再坡行十里抵橄榄寨而宿焉，行程八十里，跋涉之苦，仅稍亚于第二日。第四日由橄榄寨继续爬坡上行，午饭于芹菜塘，由此下行，路途乃较平坦，再越一小坡，腾冲平原即在目矣。午后三时即达县城；艰苦旅途，至此乃告结束。此系行程大概情形，至若沿途见闻及宿膳状况，于下文述之。

余等于八月八日离保山，所乘滑竿，系先一日于城中雇来者，因行李仪器过多，另雇挑夫四人，轿夫六人，共为十人；每人力资议定为新滇票五十元，合国币二十五元。彼等悉为川人，初持滑竿来招待所时，形容枯槁，满面黧黑，余颇忧其不克胜此跋涉，既见渠等绑扎行李，又互相推诿，轻至一鞋一帽，亦以掷他人担上为快，举止卑鄙，令人生厌。嗣后彼等告余曰，我等均系川军郭汝栋部属，二十五年随军入滇剿匪，被遣散于永昌之北，渠等流落异乡，欲归不得，遂不得不出卖劳力以资生活。

渠等又酷嗜鸦片，每人各私具一小布囊，内藏烟枪烟灯各物，行路时每至一处，辄觅处横陈，享其吞云吐雾之乐，竟置旅客行程于不顾，非屡加催促，决不启行；余前曾读英伯克夫人所著《中缅之交》一书，内言中国轿夫，每行二三小时，即需大吸鸦片，以为系外人描写，不免夸大其词；不料今日竟亲目睹此情景，始知伯克夫人之语，尽系属实，现虽经当局限期禁绝，严厉执行，而其辈能否觉悟，脱离黑籍，尚未可知也。

访徐霞客游踪　是夜宿蒲缥邑

余等于八月八日清晨六时起身，所雇滑竿夫役，原应七时即来，但迟至八时后，始姗姗而至，捆扎行李，又复费时，故至九时半，始克启行。余等由镇南门出城后，沿滇缅公路西行四公里，即上腾保古道，时值阴霾密布，细雨冥濛，十时过诸葛堰，堰在道右，草堤十里，以石块堆砌而成，相传系诸葛征南蛮时所筑，用以屯扎军队者。再右为九隆岗，以山势起伏成九峦故名。峰峦迤逦，树木清秀，风景至佳。堰山之间，平畴一片，雨水多时，贮此成湖，士人呼为大海子。至山坡之

上，房屋栉比，炊烟起处，则打渔村也。半时过二十五里铺，
轿夫请歇哨，遂下轿，歇半小时再行，十分钟过西游山石华
洞；华侨中学教职员邀余等在此游玩。洞在道右山下，一名芭
蕉洞；洞口有木栅门，内奉观音大士，有斋公守之。是日余等
分秉火把，松明，电筒入内，入口右折处，洞顶有蝙蝠窠，蝙
蝠见火光起，争相飞遁，吱喳乱鸣，不计其数，势颇可畏；洞
内歧道甚多，益以路滑难行，虽雇土人向导，仍未敢深入，约
行里许折回，终未能穷其究竟也。洞中多石钟乳，奇形异状，
若伞若牛，若虎若豹，仿佛雕塑；石壁嶙峋，闪烁发光，以手
扪之，清沁入骨；至一处，向导以大石重击其地，则声起如
雷，轰然震耳，土人称为石鼓，霞客滇游日记称洞下有洞，当
即指此。

　　路过洞而西，险峻难行，盖以雨后土滑，轿夫挣扎其间，
殊费气力，及达山顶时，已正午，乃停道旁休息，余出气压高
度计视之，则已登上二百余公尺，盖保山平原海拔约一七〇〇
公尺，而斯时指针读数为一九五〇公尺也。歇半小时继续前
行，时天上雾气尽散，已有晴意，又以道路稍平，余等乃下轿
步行，一路尽系黄土地层，雨后湿润，益显其美。行半小时，
以路渐泥泞，始复上轿，坡最高处海拔约为二一三〇公尺，由
此转向下行，二时半抵达冷水箐，高度计读数为二〇五〇公
尺，该处四面环山，峰高林茂，路侧有茅屋数椽，兼卖饭菜，
因即饭焉。白饭每碗索资新滇币四毛，合国币二角；饭菜仅火
腿腌肉两样，每小碟售新滇币一元五角，味道尚佳。饭时遇二

客，一姓革，一姓何，皆腾冲县人，新自保山经商归者，询知余等系往腾冲筹设水电厂，即深表欢迎之意，并约同时启行，迄三时许，再行；由此山势复向上走，半小时后，即见怒山、高黎贡山重叠横在于前，高山青淡，怒山蔚蓝，晴岚叠叠，山外有山，无异一幅天然图画。山下有小平原，轿夫谓余曰，蒲缥在望矣！余取望远镜视之。果见前有小镇，飞檐簇聚，隐约于绿树丛林间。轿夫遂循山坡小路蜿蜒下降，健步如飞，已不复似登山时之缓步徐行矣。未几，即达平地，视手表才五时也。

镇口有照壁门，白墙黑字，额曰"蒲缥古邑"，左书"龙吟虎啸"，右书"鹤舞鸳飞"，门虽小而不失其威严，墙虽薄而整洁可爱；既入镇门，便见长街一道，房屋栉比，轿夫异余等至德兴公寓而下榻焉。

蒲缥本为荒地，汉时蒲人缥人来此聚居，故名蒲缥；迄明太祖定鼎，始入中国版图，隶永昌郡。镇为长方形，北平宝街为其主干，街南有小巷，大抵民居，市中房屋原极整齐，今春失慎，被火焚毁者皆夥，以是碎瓦颓垣，所在皆是；边陲小镇，缺乏消防设备，灾难一至，不可收拾。镇西端有南津河，流水一湾，颇为清澈，河上架木桥如走廊形，余等傍晚往游，同立桥上，北瞰北斗小熊，南窥羯子人马，轿子河水低流，悠然远去，偶尔微风吹来，便闻远处水碓舂击之声，静中有动，极饶幽趣；美景良宵，众皆忘返，至更深，露湿始折归旅舍。蒲缥以产蒜头著名，尤以镇中春和斋所制甜蒜头风行各处。

是晚余等十时许始就寝。正酣睡间，忽为鸾铃震醒，便闻牛马的达经过楼下，杂以御夫叱斥之声，余等咸讶天明何速，而隔室旅客却高呼茶房打水洗脸，少顷闻茶房懒懒回话，曰"此老牛过街也，牛畏热，白日不能赶路，故夜间起行，时方夜半，客毋躁耶？"余以电筒照表视之，果方一时，遂复入睡。

窥河床之构造　攀登高黎贡山

翌日晨五时半兴，盥洗毕，即进早餐，在该店一宿两餐，每人收费国币三元五角。七时半首途，过南津河，步行爬一坡，路侧常见保腾公路测量队所定水准高程点（Bench Mark），行一小时，达山顶，该处海拔为一五〇〇公尺，遂上轿，由轿夫舁而下行，是时山中晓雾甚浓，树影模糊，云山缥渺，四野恬静，万籁无声，闲坐轿中，唯闻轿夫脚踏泥沙，喳喳作响，步武整齐，耐人寻味。九时廿分抵马厂，四围香稻，三五人家，俨然成一小村，轿夫请歇哨，遂下轿，时值有人举办丧事，村中人咸集一处，丧家沿路设席款待客人；余等方歇茶铺吃茶，孝子亦来邀请入席，几经婉辞始罢。十时再行，由此渐入草莽地带，人在树丛中行，藤蔓蜿蜒，杂草无序，十一时歇一峡谷旁，石壁如削，水流激响；下望千仞，骇目惊心。已而启行，即沿谷岸下降，路因坡度太大，筑成梯阶形，下行大半，谷底视界遂渐宽敞，余更取望远镜视之，河床之构造，水流之缓急，莫不纤维毕露，河床亦如山道，自然成阶梯下降，每一阶下，水冲积成一池塘。河水循阶下流，色凡三变，当其流经石阶上时，因水清石黄，故呈黄色；及由石阶下坠，则湍急激白如瀑布；嗣贮塘底，以水积较深，又呈碧玉色矣！由此复行阶上，重显黄色，如此二色循环，益以水纹多变，酿成奇景，顾而乐之。复行半小时，谷势开展，遥见高黎贡山蔚然在望，十二时十五分过亦惠桥，溯谷右下行，左侧山势已渐平坦，峰峦青萃，浅草如茵，卜一时半以气候渐热，歇路侧黄槲树下，树大十抱，枝叶浓茂，干上果实累累，形状如花红。倚树下望，潞江一泓如带。一时再行，循路急降，一时即达江边。江宽二百公尺，江心筑大桥墩，以铁索桥二连通两岸；东岸曰惠人桥，河岸右壁上刻其名，西岸曰潞江桥，有前国务总理李根源先生题"泸水"匾。二桥由腾冲商会改修，横跨大江，势殊雄伟，江水灰色，流速湍急，闻附近有诸葛丞相碑，余等以仓促经过，不克访求其遗迹，殊为憾事。

过桥有小镇，即泸江镇属泸江土司管领。余等至时，适逢街子，附近土人咸集于此，互为贸易；内多摆夷黎索。摆夷，酷似越人，长衣黑齿，妇人以青布盘头顶成高帽，形状怪异；余昔尝闻人言，摆夷少女颜色极佳，明眸皓齿，楚楚可人，白衣青裙，益增妍美，故土人有"摆夷好看很好看，汉人好看粉装扮"之语。然摆夷风俗，少女一经出嫁，即开始任意咀嚼草烟槟榔，使齿染黑，不复再保护其天然美；故土人又有"少时像观音，老来如猴子"之语。是日余等所遇者大抵妇人，所谓摆夷之少女美，终未得见。黎索亦为夷人之一种，包头赤足，装饰满身，多为银圈蛤壳之属，喜着青衣，裤脚极小；见余等过，咸注目相视，啧啧耳语，余等原以异族视渠等，岂知渠等亦以余侪为其欣赏之目的物耶！

泸江海拔仅七〇〇公尺，较之蒲缥已低下七百余公尺，故气候极热，同行诸人，莫不汗下如雨，商旅过此，咸以少食为戒，故余等便啖饼干数枚以充午点。土人又曾告余，谓由保山至腾冲三百里中，时有瘴气，考其原因，或系日夜温度变迁太大，外人不知，易受感冒，非真有所谓瘴疠在也。

余等于三时离泸江，乃开始爬高黎贡山，山路蜿蜒于藤蔓中，两侧草木屏立，高逾人顶，丛中时闻泉水潺潺之声，四时许见峦勒河，峡谷千仞，自山谷迤逦南下，河中滩多水急，水激石鸣如万马奔腾；骇人心目。沿河左侧行，五时过济义桥，即登山数百尺，达一峰顶，峦勒河已在脚下，济义桥且小至不可复见矣。时银月一钩，已悬天际，长空如洗，净无片云，长啸一声，山鸣谷应。

由此下一小谷，复向上行，山中林木益茂，盘根错节，纠葛相连，虽树大如碗，亦互相盘扎，成绞丝形。山路面峡背山，势殊险峻，峡谷千仞，石壁如削，绝巘多生怪柏，悬泉瀑布，飞漱其间，时闻猿猴长啸，秋蛰低鸣，声倍凄切。谷中多竹，由谷底成丛上生，干纤且长，多为枝叶垂负成弓形，两两相对，形如拱桥，青翠可爱，山中人即编竹为庐，以作居室；又有破竹为管，绵延里许罢，以引山泉于家内者。行行重行行，余等于六时半，始达宿站老寨，寨在山腰，海拔一四九〇公尺；由潞江至此，总计共登七百余公尺，攀援之苦，可以想见。余等所歇逆旅主人姓寸，自言其先人寸大进，曾倾其家产，改修高黎贡山路，经十年之辛苦，亲自督导工人，一面开路，一面施茶，坡峻者使之平，路狭者使之阔，卒如其志，便利后人；此种急公好义舍己为人之精神，诚足令后人敬佩。余见其门首粘有春联云："数百年崎岖道途，修成平坦；几千里跋涉商旅，到此平安，"实可谓当之无愧。是日共山行九十里，因劳顿过甚，就寝较早。

盆地梯田环布　橄榄寨号角声

十日晨六时起身，早餐后，每人付餐宿费国币一元五角，八时启行，继续登山，视山石多水成岩，年久风化，质极松脆，试以手杖叩之，即剥落如雪片下；路上多沙，云母闪烁，意即山石风化成者。十时达海拔二二〇〇公尺处，遇小雨，片刻即止，树木经微雨沐后，柔润益甚，翠浓将滴；登高望西北诸山，咸感藏浓雾中，不复可睹。已而阳光自云中出，回望谷中，水汽悠然自下上升，金光照处，映成白云，弥漫百里，群峰隐约其间，悬浮如海上小岛；余曾闻峨眉云海，心向已久，惜无缘得见，不图于高黎贡山之巅得睹斯景，亦足以稍饱眼福而慰旅怀矣！

十一时达平河寨，是为高黎贡山之巅，拔海凡二三一五公尺，午饭于路侧小铺，菜四碟，悉为马铃薯，唯制法各殊，色味相异，清脆可口，莫不赞叹主人手艺之奇巧。饭后下山，坡峻沟多，益以雨后泥泞，极难行走，不幸途中又遭阵雨袭

击，一时雨水弥漫，山树尽藏，寒冷殊甚，余枯坐轿中，手且
麻木。三时山势渐开，云雾尽扫，见前有盆地口窝，山坡小村
棋布，四围梯田，环布青翠齐整，风景至佳，遥望龙江，时
隐时现。既下山，经石板大道，平坦整洁，行走其上，步履
轻快，未及五时，即抵江边龙江，一名龙川江，自北蜿蜒南
来，河幅狭小，流量仅约潞江三分之一，惟海拔高潞江六○○
公尺，以是水流甚急，波涛汹涌，江水直下，大有一泻千里之
势，余等歇税局半小时，始过桥，上坡再行十里，达橄榄寨而
歇焉，时方五时四十分。

　　橄榄寨属腾冲县，倚山筑镇，房屋颇多，形式稍类蒲缥，
然不如蒲缥整洁。余等方坐旅店休息，忽闻村外角声大鸣，悠
扬震耳，出户视之，则见一队农夫，蓑衣雨笠，排队自田间
来，一人持三角形大红旗前导，上书"橄榄寨耘帜"诸字，店
主人告余，谓渠等系自田间耕耘归者；盖其地高出海面一五三○
公尺，地势高峻，又复背山面河，气候寒冷，以是秧期较迟，
时已农历七月，视其禾苗，方及尺许耳！

大雨排山倒海　到目的地腾冲

　　十一日晨八时出发，仍循石径登山，时值晓雾重重，万
峰皆隐，空中水汽充斥，汗不得出，爬山半时，遍身烦热，九
时小雨，复遇泥路，泞滑难行，行数里歇哨海拔二○○○公尺
处，半时再行，复冲升三○公尺，于十时半上腾越人士新修公

路，路傍山腰西行，宽可容四车道，地质多沙，疑系岩石风化而成，殊利筑路，然余等过时，适值农忙，又逢雨季，故已暂时停工，沿途十里，不见一人。十一时半，重登小路，自此路益滑，泥益深，观滑竿夫踉跄其间，倍为艰苦；天公复不作美，未及正午，大雨突下，倒海排山，势如雷电，轿夫无奈，不得不冒险急行，幸只数分钟，即赶至芹菜塘，然衣履已经透湿矣。随就路侧小铺避雨，候店中凡两小时，雨势始稍衰弱，然路中泥水已贮集盈尺，泛滥为小河，俟水退尽，又半小时，方再启程。由此傍山下行，因雨后泥泞，轿夫颠仆泥淖中者再，行路之苦，殊难诉述。但不久山势即渐平坦，天亦渐有霁色，四时又越一坡，遂遥见腾越平原在谷底矣！轿夫示余县城方向，余取望远镜视之，果于云树之间，隐见雉堞。及行较近，里檐市屋，亦皆逐渐入目，轿夫更遥指城郊白色建筑，告余某为海关，某为镇署，至为详尽。四时半过倪家铺，折右行百余步，复折左过一长堤，即见牌楼一座，金碧辉煌，巍然相向。轿夫告余，是为接官亭，离城五里，为昔日官员迎送之所；余等方欣赏间，忽有绅士趋滑竿前，自言系县商会秘书，奉谢会长命，来迎接余等者。余等闻言，慌忙下轿，即随其步行入城，达五保街县商会而歇焉。总计由昆明赴腾冲，旅程凡一千五百余里，至是始告结束。

　　是晚，承谢式南会长设宴招待，并邀各界人士相陪，余等皆在学龄，少历世事，偶然受此热烈欢迎，至为局促。席间谈及水力发电厂兴办事宜，在座诸人，莫不盼望水电厂能早成立，以奠定边城工业基础，余以兴办地方公益事业，能得"人和"如此，前途殊属乐观。

勘叠水河瀑布　完成测量工作

翌日，下午二时，即由商会李事务长领导余等往叠水河瀑布附近踏勘；叠水河在县城西南一里，其水自赤土罗生诸山来流为大盈江，下经南甸，南过千崖，出关合蛮莫河，入于南大金沙江，终循阿瓦城以入于海，跌水处石壁巉削，断悬百余丈，崖头巨石蹲立若门，江流至此，冲激奔驰，乃悬空而坠，如散雪花，擘棉絮，垂珠簾，走玉飞花，喷云吐沫，洒人衣面，土人称为"久雨不晴"。倚崖有老树一株，千岁物也，根无纤土，色若青铜古铁，被以落衣，斑驳鳞次，结屈盘错，由石罅中蟠旋而出，老干偃伏，若虬龙骧首奋起，高七尺余，大至十余围。有巨石一，长约八尺，高三尺，中阔五尺，状若巨龟，其颅嵌入老树尺许，仅露颈领，身与树凡合成一体，老干分竿四出，桠枝凌空，细叶奇姿，亭亭崖上，下俯深潭，奔流怒吼，时复震撼，而挺立千载不随波流以俱逝者，当以有此龟石与之盘错故也。稍上有太极桥，横跨瀑头，山川水镇，势殊雄伟，右岸山脉逶迤，突起奇峰，峰顶建有飞阁，临流揖瀑，是为龙光台，苍崖翠巘，环抱拱立，秀木依攒，芳草褥织，左岸青壁陡抱，骈立下注，有峰翼然，白衣阁废址在焉，与昆卢寺浮图相对峙，塔景山光，流霞漂霰，交互辉映，风景极佳。

水自瀑底下流，坡降仍极陡峻，河中乱石纵横，激水生浪，澎湃奔腾，迄下流约七〇〇公尺处，水面始稍平静。是河瀑布附近一带，蕴藏水力，至为雄伟，足见山川钟秀，无地无之，特此瀑僻处天末，未为世人所注意耳。此次云南全省经济委员会特拨大宗款项，在此建设水力发电厂，实具远大目光，边陲工业将因此厂之成立，渐趋发达，而浩浩江水，大施展布，亦不致再日夜喧哗叫屈矣！

余等测量工作，自十三日开始，前后共费时二十余日，计地形测量六日，河面纵剖面测量一日，河上下游坝址水深测量二日，立水标尺及流量测量一日，四乡及县城输电线路测量七日，曲道定线测量一日，计算及绘图七日，迄目前止，应作工作，大抵已经完成。而学校开学日期，亦已迫于眉切，故为不使功课耽误计，余等即赶归昆明。综计此次暑假三月以来，余等或跋涉山野之巅，或工作流水之侧，时与大自然相接近，自觉见识增进殊多，体魄亦更强健，较之昔年假期，闲处家中，无所事事者，有益多多矣！兹值假期将终，开学期近，爰就记忆所及，挑灯命笔，聊复书此，欲以留纪念于日后也。

选自《申报》一九四〇年十月十日，本文为《申报》主办的"大中学生暑期工作征文"大学组第一名，作者系联大工学院土木工程学系四年级肄业学生，时年二十二岁。其获奖评语为"一路写来刻画精细、科学，文章富有文艺意味，洵属佳构"。该报特奖给粟君奖学金二百元、该报出版《中国分省新图》一册及《申报》一年。该报还于当月十九日刊出粟君近影一帧，文中配有地图及摄影若干，因清晰程度差欤，未能照录

// 西南联大的边教服务团

周简文

国立西南联合大学师范学院教育系的几个热心边疆教育的同学，在民国卅一年暑期里发起组织了一个边疆教育研究会，目的在调查边疆教育的过去情况及现状，以备将来改进推广边疆教育和研究边疆教育者的参考。

得到昆明学生救济委员会，联大区党部，青年团以及其他几个机关的经济资助，开始了路南尾则暑假边教服务团的组织，尾则是云南路南县属的一个小乡镇，此处夷胞较多，平素与汉族同胞往来亦显频繁，且大都能操汉语，因此择定了这地方为边教团的工作中心地点。在边教团组织成立以后，又复得到新运总会的资助及联大社会系若干热心服务同学之加入，所以该团在财力人力上更见增强，工作更形紧张。

尾则服务团在七月中旬由昆明出发，他们服务目标除去上述的目的以外，又具有联络汉夷同胞感情的任务，据负责人告诉记者说："我们都是尚在求学期中的青年，我们这次不畏艰苦去为夷胞服务，除去研究调查夷胞文物制度及联络感情外，我们更想借此机会学习学习。"

指导监督该团的另有一个委员会，至于该团本身的组织可分两方面讲，一为行政机构，分做总务，文书，会计三股，分掌该团总务，文书会计事宜，一为研究调查机构，亦分为三股，即教育，调查，宣传。教育股担任编制教材，办理民众学校，巡回施教，供给宣传资料等工作，调查股担任社会调查，文献搜集，教育调查等工作，宣传股则担任沟通及联络汉夷同胞间之感情及宣扬抗建工作等。

服务团初到尾则，因汉夷间感情之未曾建立，夷胞又不明该团工作目的，所以在起初的时候，很有许多隔阂，以致工作不易展开，但经过初步医疗注射防疫工作及馈赠什物以后，多数夷胞均能与工作者表示亲近，到该团结束工作返昆明时，夷胞之流泪惜别者不知凡几。由此也可见该团工作成绩之一般了。

服务团在尾则工作之方式是先以亲身参加夷胞家事操作及田禾耕耘入手，因为汉夷在生活上打成一片，所以他们间的感情不到二个礼拜便完全建立起来。在每日工作完毕或休息的时候，工作者常教授男女夷胞编织蝇拍等小手工，一面使夷胞得到一点小小技艺，一面又可利用蝇拍扑蝇，这又无异于做了一部份的卫生工作。

办理民众学校，期于短期内扫除一部份文盲是该团主要工作之一，他们办理了一所民众学校，派团员一人专负其责，其他团员帮助教学工作，民校共分三班，成年男女各一班，此外为使夷区小学教师得到进修机会起见，又办了一班小学教师训练班，三班学生总计达三百四十余名。除了办理民校以外，又举办巡回施教工作。其范围以尾则周围四十里为限，关于这项工作，非为教育股独自办理，而是教育，调查，宣传三股合办的。至于三股的缘故，至少可以看出巡回施教的目的非仅在教育工作而兼有调查和宣传两项工作。

关于调查工作，大别有教育调查，社会调查（包括风俗人情文物制度）及经济调查，这三项调查所得的资料极夥，服务团历经十七个夷胞村落，其间作详细调查的有七个。团员们虽艰辛备尝，但每人皆工作紧张，精神振奋，十几个团员经过了七十天的辛苦工作，每个人的脸是晒黑了，但身体是更健壮了，精神是更旺盛了。同时也是"满载而归"了。返校以后，各方面对于他们的工作均很重视，联大师范学院还专为他们开了一个办公室，作为整理编辑材料之用。据该团负责人告记者，他们在不久的将来打算做两件事，一为募集夷胞教育基金，一为举办夷胞文物展览会，届时，又允许记者参观各种社会，经济，教育，调查所得的资料，以备另撰通讯贡献于关心边疆问题的读者。

选自《边疆通讯》一九四三年第一卷第五期

// 西南联大的边疆教育团

周简文

　　去岁寒假，国立西南联合大学一部份热心边教工作同学组织联大边疆教育团，利用假期，发出边疆实施社会教育。团员共十人，三女七男，怀抱极大之热忱与乐趣前经云南省路南县属之滥泥箐工作。滥泥箐为路南附近一大村庄，人口约有二千余，共四百余户。团员抵达该村后，即往访当地民众首领毕神父，毕君为一七十余岁之老翁，在当地任传教工作数十年，不仅得该地教民之拥戴，且更获得该村全体村民之敬爱，不啻为该村一领袖也。团员初到该地工作，人地生疏，一切言行，均感不便。后乃幸得毕神父之热心赞助，得彼多方帮忙，一切工作，乃得推行无阻。不仅此也，团员日常生活，亦得彼之协助，住食均甚舒适，团员十人，均住宿于天主教堂内，房屋雅洁，游于其间，无任畅快。

　　教育团全部工作内容共分两大类，其一为妇女教育组，二为儿童教育组，实际上其教育对象乃全村村民，分组乃为便于工作进行起见，并无若何限制也。施教方法以养成正常娱乐及团体生活习惯为主，注重休闲教育，多为歌咏游戏等课目，而妇女则更授以编织及缝纫等女红，此等妇女多为中年之家庭主妇，而妙龄处女亦有前来就学者，惟不甚多，其中有受过初等教育者，有全为文盲者，因此年龄甚为参差不齐，最幼者为八岁之学龄儿童，最长者则为四十余之成年文盲，故教育内容，包罗甚广，以求适应于学者者之需要。

工作内容除此二项之外，尚有教员讲习班，以为该村小学教师进修之用。教育内容，分为十大讲演系统，其中包括各科如心理教育，史地，以及其他社会自然科学，由各团员分别担任，结果成绩颇佳。且每一次讲稿均有主要负责人摘要整理，然后分发给班内受训学员，备作参阅。

至于该地民情风俗，亦颇堪一叙，该区系汉夷杂居，过去因日常生活习惯及语言之不同，汉夷之间，非常隔阂，感情甚劣，夷胞非常仇视汉人，而对此次团员之下乡工作，则表示非常欢迎，彼等过去心目中之汉人系不可接近者，仅团员工作均为对彼等有益而无害，故甚得彼等信任。且夷胞非但不为不易接近，并对团员非常亲善，当团员工作结束返昆之时，彼等结队欢送至数里之遥，最后挥手言别。

该区农作物大都为荞麦与玉米杂粮甚多，林木亦盛，而栗树尤多，堪称极佳之木材供应地。

村民男女社交非常公开，而且极其自然，每年农历正月初三至十五为集体娱乐时期，届时男女均成群结队集合于一公共场所，以跳舞为乐，青年男女则往往借此选择爱侣，当男女双方合意之时，即共同步入公房，（娱乐所）公房内设备简陋，仅有一二张铺位，房内设大堆柴火，男女围火而舞，至天明始息。

该地气候奇寒，村民贫困，无棉衣可穿，大多数均用麻布然衣，冬夏均如此，故一般村民，长期受风寒侵袭，患咳嗽病者甚多，这成为该地之普遍病象。

教育团前后工作共两周余，当工作结束之时，举行村民同乐大会，村民可自由参加，共到五百余人，宾主共欢而散。

选自《边疆通讯》一九四三年第一卷第八期

// 新运总会边胞服务站工作情况一般

周简文

服务边胞为新生活运动促进总会本年度四大中心工作之一，该项工作刻正在积极推进中，该会以经费有限，特先在云南边境设立两个工作站，以作试验性质，第一站设于丽江，第二站设于墨江，丽江站主任为国立西南联大社会系毕业生张征东君，墨江站主任则为大夏大学政治系毕业生丁兆兴君，两君对于服务边胞，工作颇具热忱与兴趣，对该项工作进行均能胜任愉快，预料将来必有一番成绩表现也。

滇省边境交通不甚便利，沿途困难殊多，此次边胞服务站工作诸君前往工作，沿途所经情形及其工作概况，约略分述于后，以告关心边疆工作者。

丽江站工作开始于本年七月，主任张君于七月十七日晨偕该站工作同人，自昆明出发，当晚到达滇西楚雄县，翌晨，过镇南抵下关至此即雇驮马于廿一日到达大理，自大理往北均为崎岖之山路，行旅较为困难，离邓川县属之沙平镇即到鹤庆县属之白窑，二十五日仍以山路为多。二十六日离松桂，过鹤庆县城，廿七日，离鹤庆直抵丽江。工作站同人抵丽江时，极受当地人士欢迎，当晚即受丽江县教育局之设宴招待，谈及本日地方绅士与教育界人士曾往城郊迎接，后因天晚尚未见远宾到达，始相率返城，廿八日工作同人行装甫卸，即开始工作，首先往访当地政教各界人士，同时亦接待各界人士之访见，工作站同人均一一详告以该站服务之使命与任务，颇得当地人士之赞许，且尤予以最大之协助。

今年因滇西战事之影响，兵民转运频仍，时疫流行广波及于边疆各县，丽江霍乱猖獗，死亡相继，该站到丽江后，首要工作即为防疫，乃应当地人士之请，分派站上工作同人前往，城乡各处注射疫针，总共城乡各处受注射者达一万人以上，施行注射时，尚有种种奇特有趣之情形，一般土民知识未开保守性大，对于一种新的事物颇不愿接受，如该站此次施行注射防疫针时，人民多不自动前来，必需要用种种方法来引诱教导，工作者一面用口头讲述彼等来此服务之使命及任务和注射防疫针之利益，且不收费。一面又利用机会悬挂日寇暴行实录图像，借以吸引民众前来，或先令一儿童施射以示乡民，并无痛苦等情。工作人员往乡镇注射防疫针时，附带宣传抗建，并作搜集、调查等工作。

工作站在城乡各处大概均已注射，防疫工作告一段落以后，乃决定到站后之工作计划，大致可分为两部，一部份同人留在丽江县境内作医药，教育，宣传调查等工作，一部份则出发邻近各县区与土司地区从事巡回教育，巡回医疗等工作。

到边疆工作有一绝大困难，即不易得乡民之了解，因乡民向来受恶劣官吏之剥削压榨多年，对政府派来之外来人员，呼之为"委员"。均存歧视戒惧之心理，非冷淡，即敷衍，彼辈心目中之"委员"下乡，非索钱，即要人，而此次站上工作人员在乡工作稍久，乡民始知非有所取而来，态度乃大改变，知站上人员乃系施惠于彼等者，故欣喜非常甚至感激涕零者亦有之。至此遂改其从前之躲避，冷淡，敷衍态度，一变而为感激亲迎之态度，工作人员尽量避免强迫手段，采用启示开导之方式，以便接近乡民，俾工作得以顺利进行。

为调查边胞之各种文物及人情风俗等，故均搜集或摄影以备整理收藏，如么些族妇女之装饰品等均已大致收集齐全，以备后日研究边胞文化者之参考。

工作人员之深入丽江邻近各县作宣传，调查，医务，教育等工作者，艰辛备尝，第一个困难，为交通之不便，全部行程，均赖驮马运输，而每到一处，以人地生疏，又必需求该地保甲长协助，始能雇得交通工具，有时驮马太少，不敷分配应用，只得轮流乘用，而七八月间滇边正值雨季，工作者在雨水淋漓山路崎岖之中徒步跋涉，有时全日所经均为未有人烟之处，只得以预备之干粮充饥，村民生活贫苦，最佳者，亦仅有洋芋饷客，除洋芋而外，即辣椒，面饼，余无他物。工作者在未经开辟之山道中行走，往往脚为之穿破，日行数十里，迨至歇处，莫不感到身心疲惫已极。二为民众为向来观念所束，前已言及，对外来政府之派员均存戒惧畏避之态度，不易集合接近。三为民智不开，缺乏时间观念及责任心，致使工作延误不易进行，惟亦有例外，如巨甸工作情形，则颇受沿途民众欢迎，工作甚称顺利。

该站主任张君，对边地该站甚具热忱，于本年十月间亲率工作人员赴维西，德钦等处工作，且拟多与土司联络，一面予以实惠，一面晓以大义，俾彼等能服从政府法令，协助抗战工作，此实为边胞服务工作中之最基本与重要之一步。

墨江工作站主任丁君于十月初由昆明出发，沿途所经困难情形不亚于丽江，十月七日晨离昆后，抵达蒙自，离蒙自后即因火车出轨在经石屏途中停留等候修车，十三日抵石屏后适因军队过境，驮马征用一空，丁君等无法继续前行，乃与当地县政府接洽，始于十七日成行，廿日抵元江，又因交通工具缺乏，仅什物雇得驮马载运，而工作人员则均步行，四日之艰难跋涉，工作者仍精神振奋，廿八日始抵达工作目的地墨江。当即与当地政教机关接洽，站址设于夷胞集中之水葵村，教育医疗宣传调查等工作现正在积极开展中。墨江生活程度较昆明尚出一倍以上，站上职员之伙食似有增加津贴之必要，惟站中同人咸认为必须候有工作成绩表现后，始拟请求津贴。工作人员到墨江后，虽稍感旅途之艰辛疲困，惟对工作兴趣与精神并未因之受影响，彼辈正抖擞精神从事工作之开始。

// 序《云南省户籍示范工作报告》

梅贻琦

　　国立清华大学在抗战前的五六年里，对于适应国家需要的各种研究工作，曾经做过一些初步的计划。到战发生为止，见诸事实的有两个单位：一是农业的研究，中间包括病害与昆虫两组；二是航空的研究。抗战开始以后，学校全部南迁，已成立的两个单位随同来滇外，又添设了几个单位：一是关于无线电的；二是关于金属的；农业的部份又添辟了植物生理一组；三是关于国情普查的。八九年间，共成立了五个单位，都是抗战以前所曾经计划到，而没有因战事发生而中辍的。

　　国情普查研究所的性质，工作，以及和其他团体合作的经过，本报告中已经有充分的叙述，我在此无须再赘。对于其他团体的推诚合作，我除在此表示感谢而外，也不须多说。不过报告中所叙述的一部分是数字，一部分是方法，一部分是和国内外其他研究的比较，至于研究这种工作的关系如何重要，是无暇申说的，也是不便多所申说的；我不妨就这一方面补充几句，作为序言。

国情普查可以说是一切社会学术的张本。没有普查，没有数字，没有统计的纪录，一切社会学说是冥想，是空论，是咬文嚼字，是一些词的堆砌，是一些主意的戏法变换罢了。[但]是这不并说在普查的工作发达以前，一切社会学说便完全没有事实的依据，因而不足为凭；不过那种根据只是靠经验得来的一知半解，其足以为凭的程度往往有限；而一到主观发达的学者手里，更不免冲得很淡，扯得很远，一意孤行，小材大用，于是可凭的程度便更降低了。信手拈来，都成妙谛，在文学家尽管是一个直觉与天才的表现，在社会科学家却是一个大忌。

近代社会学说的大病有二，一是空疏，一是偏蔽。患空疏者病在一般事实的不足，甚或无中生有，信口雌黄，其结果是一些象牙的塔院，一些空中的楼阁。患偏蔽者大抵对于一部分或一方面的事实，有充分的了解，然但知其一，而不知其二三，又喜欢从所知之一任意推论以至于武断到二三，而四五，而十百千万，即喜欢从一部分社会资料得到的结论来解释全般的社会现象和整部的历史变迁；末流所至，轻者各立门户，入主出奴的彼此攻讦，重者树为教条，生吞活剥的施诸公令，空疏的社会学说不求实行，其为祸尚小，偏蔽的学说则视若可行，而实际则行不通，其为祸却大，因为强制举措之际，以及其不通而又须改弦易辙之际，其所耗费的力量，其所引起的纠纷痛苦，是无法计算的。我若说，近代社会问题的复杂，国家政教的不得清明，以至于国际局势的纷吵扰攘，有很大的一部分可以归结到这一类偏蔽的社会学说，也不为过甚之词。

国情是多方面的，国情的普查当然也是。方面虽多，总括起来却又不出两种基本的东西。一是人，一是物；一是民众，一是产业。人口的普查属于前者，而农工商矿的普查属于后者。社会科学的研究对象，是人与人的关系，人与物的关系，而人与人的关系有极大的一部分是因物而发生的。而所谓关系，又几乎全部分是一些分配的关系：权力名位的分配属于政治，利益物资的分配属于经济，发育机会的分配属于教育，而求其分配的公平允当，杜纷争于发生之前，纠纷争于发生以后，又属于法津的范围。如今要了解这种种复杂的关系，要明白如何分配方可杜绝争端，我们对于物是什么，人是什么，物有多少，人有多少，岂不先应当有充分的了解？物是什么，人是什么，特别是就物与人的个体来说，属于另一些专门学问的领域，全部的自然科学与一部分的人文科学就是。但人与物一成集体，其间便发生数量的问题，关系的问题，与分配的问题，那就进入社会学术的领域了。

从上面的说法，我们可知所谓社会学术，横面言之，虽可以分为政治，经济，社会，教育法律等科目；而纵贯言之，则又可分为三个段落，一是了解质量的段落，二是分析关系的段落，三是实行分配的段落。前两个段落属于学，后一个段落属于术，第一的段落便是国情普查或其他调查与探访工作的事；第二个段落是各门社会科学的事；第三个段落在以前常有人广义的叫做治道或政术，就是全部所谓分配的艺术了。严格言之，在前面两个学的段落没有相当做到以前，后面术的段落是无法下手的，即使下手，也不过是一种临时应付任情凑合的够当，说不到艺术两个字。在社会科学发达以前的所谓治术，十九便是如此，即在今日政治社会比较清明的国家，一大部分的政教举措也还是如此：因为他们对于人物质量的认识也还不够周徧，不够清楚，其但凭一种社会学说的信仰，定为若干社会改革的教条，从而削足适履似的施诸政令的，其不足以语于治道政术，可以不必说了。

国情普查研究所的工作，目的不在普查本身，而在普查方法的研究，务求其简洁精当，省费可靠；研究而有得，就把所得的交给国家，供国家实行普查时的参考采择。普查原是国家大政，并且是施政的第一个步骤，非学术机关在权能上所得越俎为之的。这一次户籍示范的工作，大体上只与人的集体有关，而与物的集体无涉。例如报告中第七章叙户口资料时所分析的各节：人与户的关系，抗战与人口的内移，市镇人口与乡村人口的比较，行业与职务的分类，年龄与性别的分组，教育程度与识字的多寡，家庭的大小，等等。至于人事登记的部分，专门注意到生死，婚姻，迁徙等种种动态，自更是一些人口集体的现象。不过在普查户籍之前，对于户籍所处的自然环境，不能不有充分的认识，例如第二章中所叙的各节；又如调查市乡人口的比数与职业的分类时，不能不兼顾到调查区域内农工商贾各业的情状，也就不能不兼顾到物的集体的一方面的资料。至于研究所前在二十九年于呈贡一县举办的农业普查，便显然的以物的集体为主，而以人的集体为副了。研究所的工作，以至于他和其他团体合力举办的工作，因为人力财力等条件的限制，目前所能做到的不过如此。至于所应做到的去所悬的研究的鹄的远近如何，那就有待有国内外专家的评断了。

　　我们今后的希望是，就研究所本身说，我们一方面对于研究的题材还要推广。例如工商业的普查，又如人口品质资料的搜罗分析；一方面对于研究的方法还要力求精进。就研究所以外说，一旦抗战结束，建国的事业正式发轫，国家鉴于这种研究的尚非徒劳无功，加以采纳，实行通国普查，下之使讲求社会科学的人，有具体的事实可资依据，不再徒托空言，或仅仅攻错他山，以运用西洋的资料与成说为已足，而上之可使谋国的人，在决定政策，拟具计划，推行政令的时候，也有精详的册籍，可资凭证。孙中山先生在挟策上书的时代，就剀切的论到谋国的四大原则，即所谓人尽其才，地尽其利，物尽其用，货畅其流；不过原则的讲论虽已有四五十年，而原则的实现则尚有所待，一旦国家真能实施普查的大政，我们离开这实现的日子也就不远了。

民国三十三年元月，梅贻琦。

选自《云南省户籍示范工作报告》，云南环湖市县户籍示范实施委员会一九四四年二月出版，国立清华大学国情普查研究所发行